LOS CAÍDOS

De

Santiago Martínez Concha

ÍNDICE

INTRODUCCIÓN:

Nunca imaginé hace más de quince años, cuando inicié mis primeros descubrimientos en el Valle de Ubaté, el camino, las dificultades o las sorpresas que me esperaban. Tampoco puedo creer que un tema tan antiguo, importante y desconocido para la mayoría no incendie la curiosidad del público. Tal vez haya personas que no crean y piensen que nada de esto existió y que debido al miedo o al terror que infunden algunas de las imágenes sea mejor enterrar la cabeza en el suelo como hace el avestruz, o que es mejor tapar el sol con las manos como hacen algunos críticos, debido a su ignorancia o la cobardía que experimentan con el miedo de perder sus puestos. Pero la realidad es que lo que aquí se muestra es verdadero: los ángeles caídos existieron y los hijos que tuvieron con las hijas de los hombres, los famosos Nefilim o gigantes narrados en la Biblia en 6,1-4 y siguientes, o a lo narrado en el libro de Enoc, es todo cierto y concordante.

Y ahora, continuemos con nuestra historia. La tarde de que hablo a continuación, me encontraba caminando solo en una montaña vecina a la población de Ubaté, situada a unos 85 km al norte de la ciudad de Bogotá. Hacía un sol esplendoroso y fue entonces, cuando avisté desde lejos, un cráneo gigantesco que parecía cubierto con una enorme "mitra" o sombrero de piedra a la manera de aquellos que usan los obispos o el mismo papa de la iglesia católica.

Pienso que lo mejor es mostrar aquello de que hablo con impresionantes fotografías Si de algo estoy convencido es en aquella frase de Confucio que dice: "una imagen vale más que mil palabras" Si querido lector, ¿cómo desmentir lo que se ve a simple vista? ¡Me quedé frío con mi descubrimiento! Continué caminando en dirección a la fantástica cabeza y no descansé hasta llegar a ella. No llevaba las herramientas adecuadas y me era imposible desenterrar algo u obtener muestras debido a su tamaño. Pensé que eso no era lo que me correspondía hacer y que lo mejor era fotografiarla, si había una, probablemente habría más y esa es la razón de este libro. Simplemente narro el orden en que sucedieron las cosas esa tarde y como comenzaron mis espeluznantes descubrimientos en este tema.

El tiempo, la paciencia y el esfuerzo me demostrarían que tenía razón. Muchos han abierto los ojos y se han convertido con este libro. Esa noche cuando volví a casa revisé de nuevo otras fotografías y exploré más el terreno. A continuación, muestro lo que narro en esta página. Desde entonces me propuse descubrir ese mundo desaparecido en la conciencia del tiempo. Debo confesar que a veces sentí temor debido a aquellas cosas que vi, al punto que decidí comentarle a mi director espiritual si debía continuar con mi investigación y con mi búsqueda, él insistió en que lo hiciera, pues por alguna razón Dios me estaba mostrando el camino y el propósito de aleccionar al que no cree o no sabe, era claro: el hecho de mostrar un mundo maldito y olvidado, para probarle a los hombres que lo narrado en el Libro de Enoc, y en la Biblia en Génesis 6,1-4 en relación a los Nefilim, todo era cierto y puede volver a ocurrir.

Tuve suerte en un viaje que realicé a ciudad de México para promover uno de mis libros con la editorial Cangrejo Editores, de encontrar en una librería el raro y famoso libro de Enoc. Para refrescarle al lector lo que dicen la Biblia y ese libro sagrado cito a continuación: "…*cuando los hijos de Dios* -se refiere aquí a los ángeles caídos, llamados también los Vigilantes- *se dieron cuenta que las hijas de los hombres eran hermosas, tomaron de ellas a cuantas quisieron y tuvieron hijos con ellas, esos fueron los Nefilim* -en otros textos o traducciones erróneas llamados también los Gigantes-, *héroes de la antigüedad, varones de nombre"*. Es muy interesante observar como también la Biblia establece una clara diferencia entre los "hijos de Dios", o sea los ángeles y las hijas de los hombres.

Al comienzo la palabra "héroes" y el apelativo "varones de nombre" me despistó un poco, pero entonces pensé que ni los "héroes" ni los "varones de nombre" son santos, mártires, o acreedores al cielo. Tal vez a eso se referían los textos bíblicos, a obras de gran magnitud tales como el "Estrecho de Gibraltar" u otras tantas narradas en la "mitología y en las historias de todos los pueblos. El mismo Platón hablaba de cómo los atlantes se encargaron de embellecer su capital y la Isla-continente de la Atlántida y como sus reyes se vestían con trajes de color azul y daban espléndidas fiestas en sus palacios, pero también habla de cómo con el tiempo fueron degenerándose y tornándose malos en su contacto con las mujeres de la especie humana. Después de ver el material fotográfico que presento en este libro, estoy convencido que las historias o mitologías de toda la Tierra son ciertas y debemos aprender a mirarlas con otros ojos y mente abierta. Gigantes de tres ojos como Polifemo y seres míticos como Zeus, las Nereidas, etc. y otros muchos seres narrados en la mitología griega, tal vez existieron y fueron los llamados "héroes" y "varones" de nombre.

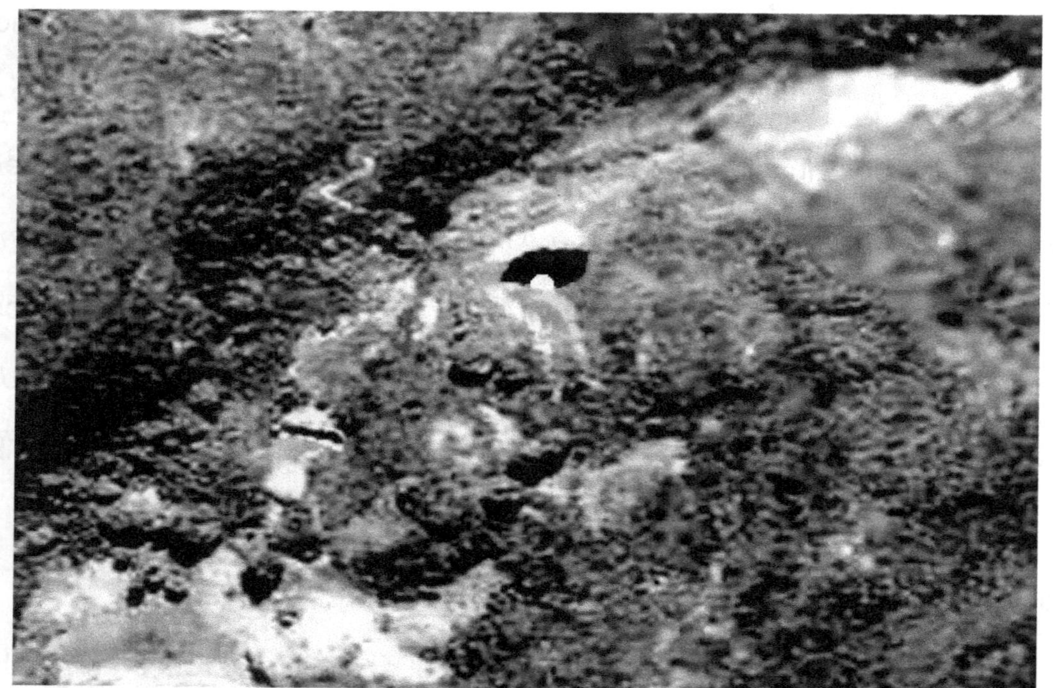

Gigantesca cabeza de Nefilim hallada por mí en la serranía adyacente al norte del Valle de Ubaté y que yo bauticé el "pontífice" debido a la "mitra" o sombrero que la cubre. –Nótense las lágrimas, los dientes que apenas si asoman y la carretera al fondo que da una idea de la enormidad del conjunto- Etapa degenerativa final. –Foto Google-Panorama-.

Es escalofriante ver las imágenes de los increíbles rostros y monumentos dejados por esa cultura antediluviana de los Vigilantes o ángeles caídos y sus hijos los Nefilim. El rostro –o el rostro y el cuerpo- son indudablemente el mejor testimonio para la posteridad. Lo mismo que nosotros hacemos hoy en día utilizando los álbumes de fotografía, o los móviles con los 'selfies' para guardar nuestros rostros o los de nuestros seres queridos para la posteridad, lo hicieron en un pasado lejano los Vigilantes y sus hijos los Nefilim, con la diferencia que ellos lo hicieron tallando sus deformes cabezas sobre la roca o en la piedra. Y aquí viene la primera de varias preguntas que me hice y que aún no he podido del todo contestar:

1) ¿En qué momento exacto las hicieron?

2) ¿Quién realmente las hizo? –fueron los Vigilantes y sus hijos los Nefilim sus autores o acaso fue una fuerza superior a ellos mismos que "congeló" sus rostros y sus lágrimas en piedra en un instante. Es importante anotar que casi todas las cabezas muestran con claridad lágrimas, ya sean en relieve sobre la piedra o embadurnadas con tinturas sobre la misma.

3) ¿Por qué las hicieron?

4) ¿Por qué se aglutinan las cabezas de la forma en que lo hacen? Pues utilizan todo el espacio disponible y muchas veces inclusive en la misma piedra son talladas varias imágenes.

Quien hizo qué, hoy día es difícil de discernir este aspecto, pero hay una norma a seguir: ciertos rostros –o esculturas- son tan monumentales y su tamaño tan inverosímil que sólo pudieron ser hechas por seres espiritualmente poderosos, capaces de elevarse por los aires y así literalmente 'supervisar' la obra que estaban realizando –sirva a manera de ejemplo la horrífica y gigantesca cabeza que puede observarse sobre lo que yo llamo la "Costa Negra de Libia", la isla de Robinson Crusoe en el Océano Pacifico u otras más grandes como el mismo continente africano y muchos otros ejemplos más. Estas y otros ejemplos serán mostrados a diferencia de Colombia en otro libro.

Pero existen otras obras y cabezas de gran envergadura como las que pueden verse a cada lado del "Estrecho de Gibraltar" y el cual es bastante obvio fue realizado por los Nefilim o Atlantes que habitaron la Isla-continente de la Atlántida, –del tamaño de Libia y Asia menor combinadas y con una superficie de 5.125.000 km2 y descrita por Platón en sus 'Diálogos de la Ancianidad' del Timeo y el Critias–. En este caso, puede observarse a gran altura una línea recta en el lado de la península ibérica, la cual es un fuerte indicio que la costa fue cortada y moldeada a mano.

Pero eso no es todo: existen muchas cabezas tanto del lado de la costa española como del de la africana dando testimonio de que los que allí trabajaron dejaron impresos sus rostros. Algo así como un reconocimiento para la posteridad –estatua o medalla de aquellas épocas pretéritas- tal y como nosotros lo hacemos hoy en día y desde épocas muy antiguas vs. las imágenes dejadas por la cultura faraónica o las estatuas que podemos encontrar en casi todas las plazas de las grandes ciudades, en donde héroes, tiranos, libertadores, conquistadores, descubridores o realizadores de alguna obra importante son recordados para la posteridad.

No es difícil imaginar que la necesidad de comercio y de expansión de las colonias atlantes hiciesen indispensable la comunicación del mar Mediterráneo con el Atlántico. Pero aquí surge otra pregunta para la posteridad: ¿por qué les es tan difícil a algunos historiadores e investigadores de hoy en día aceptar lo que digo?

Es sorprendente que nadie haya afirmado hasta ahora lo que escribo, pero con la tecnología de hoy en día es muy fácil dilucidar la verdad. Ahí están todas las pruebas, basta abrir los ojos con mente abierta y observar. Pero aquí cabe advertir que, en muy raros casos, la tecnología, el ego y el esfuerzo humano son apenas suficientes para tallar una cabeza de gran envergadura, capaz de consumir parte de la fortuna o de la vida de un hombre o el de un equipo. Sirvan de ejemplo las cabezas de los presidentes del Monte Rushmore de 18 m de altura en las Montañas Rocosas en South Dakota en los Estados Unidos o aquella del Rey Decébalo en los Cárpatos Rumanos rey de los dacios, de 40 m de altura en la orilla del río Danubio, Rumania, en los Cárpatos Rumanos, la cual se supone es la cabeza en piedra más alta de Europa. Pero estas no son cabezas realizadas por los Nefilim o los ángeles caídos, las cuales como podrá apreciar el lector, son de un tamaño algunas veces cientos o miles de veces superior, con una tecnología y una expresión diferentes, como veremos más adelante en este ensayo.

En síntesis, los 200 ángeles liderados por Shemihaza (de acuerdo a lo narrado en el Libro de Enoc) que juraron sobre el Monte Hermón y declararon "anatema" al que no cumpliese con aquel juramento o pacto, lograron corromper no solamente toda carne sino también toda la creación de Dios sobre esta Tierra. Se apoderaron de todo el globo terráqueo y modificaron costas y continentes, atrayendo sobre sí con su perversión, crueldad y desaforo, el Castigo Divino con la destrucción y el hundimiento de la Atlántida –tal como lo menciona Platón en sus Diálogos del Timeo y el Critias- y atrayendo sobre si el Diluvio Universal.

Claro está que algunas personas embargadas por pereza o ceguera mental y espiritual, prefieren decir que todas estas cabezas y rostros equivalen a mirar figuras en las nubes -pareidolia- y prefieren no aceptar o no mirar el mundo que tienen frente a ellas. Este fenómeno es llamado 'negación' y generalmente ocurre bajo el adoctrinamiento o la costumbre, por lo que a la mente humana le es difícil aceptar un cambio de escala o una realidad diferente.

Los Vigilantes (ángeles caídos), de acuerdo a lo narrado en el Libro de Enoc, avergonzados por su pacto y su pecado al tomar "a cuantas quisieron de las hijas de los hombres" –pasaje también descrito en la Biblia en Gen. 6,1-4 y siguientes-, se reunieron en la "Fuente del Llanto" -entre el Líbano y Senir- para escuchar el veredicto de Dios quien utilizó a Enoc como mensajero. Ellos suplicaron perdón Divino por haber pecado no solo con las hijas de los hombres sino también "con toda carne", pero Dios no los perdonó. De ahí el Diluvio Universal, su condenación eterna en las entrañas de la Tierra o su encadenamiento sobre la misma y, la guerra que trajo la destrucción de sus hijos los Nefilim. Al ser seres espirituales no murieron y aún se encuentran en este planeta esperando el día del juicio final. Vale la pena aclararle al lector que, si bien estos ángeles son seres espirituales, tomaron cuerpos algunas veces con rasgos humanos y otras los que quisieron. con el objeto de interactuar sexualmente con toda carne. Por estos actos ***Dios se dolió en su corazón*** y debido a la violencia que generaron sus acciones, llamó a Noé avisándole de la catástrofe inminente del Diluvio Universal.

Pero atención: aquellos que pensaron que este estudio es solo un ensayo para distraer o saciar la curiosidad de algunos, tiene también un propósito fundamental: enseñar al que no sabe y que con Dios no se juega, y si Él no perdonó a sus hijos los Vigilantes ni a los hijos de estos los Nefilim, no perdonará a esta generación malvada y perversa por no arrepentirse de sus horrendos crímenes y pecados. Con los movimientos 'pro-gay', la prostitución y la degradación sexual generalizadas –como en Sodoma y Gomorra-, la violencia y la guerra a nombre de la avaricia, el poder y la injusticia, la destrucción de los ecosistemas con el consecuente efecto invernadero, el asesinato y extinción de la fauna -50% de las especies han desaparecido en solo 50 años y se espera que en los próximos 50 solo nos queden animales domésticos como perros y gatos-, y para mencionar un último: con el detestable crimen del aborto en el que las madres asesinan a sus hijos en sus propios vientres, se ha logrado asesinar, masacrar y descuartizar a más de 100 millones de víctimas inocentes de nuestra propia especie en sólo 10 años: más que todos aquellos que murieron en la Segunda Guerra Mundial. Entonces yo pregunto: ¿Qué nos espera en el futuro?

Si grande fue la vergüenza de los Vigilantes y sus hijos híbridos los Nefilim por haber "corrompido toda carne" y tremendo el Castigo Divino para con ellos, entonces la segunda purificación que nos espera no será esta vez con un Diluvio de 40 días y 40 noches -pues Dios prometió que esto no volvería a ocurrir- sino con fuego, algo así como el castigo sufrido por Sodoma y Gomorra, pero a una escala universal. Según las profecías -y de acuerdo a las mismas palabras de Jesús en Mateo 24-: "...una tribulación tan grande cual no la ha habido ni la volverá a haber desde el comienzo del mundo"-. Una guerra atómica, una lluvia de asteroides y un meteorito gigantesco junto con un gran terremoto a escala 12 o superior, los supuestos estragos que causaría el Planeta X, tal vez el llamado también en los textos sumerios como Nibiru -o planeta de cruce-, inundaciones, persecuciones, hambrunas y una enorme devastación causada por el Anticristo, amenazan a la humanidad, con la destrucción de 2/3 de la misma.

Los dos testigos descritos en el Apocalipsis: Enoc y Elías están a la puerta y solo esperan la orden de Dios para comenzar a actuar, de ahí también la importancia de este libro, el cual está íntimamente ligado al Libro de Enoc y será novedad para muchos que no le conocen. Ese profeta sabio y bueno, gran matemático, era -y es- íntimo amigo de Dios. En sus innumerables visitas al Cielo –algunas en sueños y otras en formas de visiones directas- le fueron mostradas cosas que a ningún otro mortal nos ha sido permitido conocer. Enoc nunca murió y está reservado para este momento.

En el Apocalipsis de San Juan –Libro de la Revelación- A Enoc y Elías –quienes no murieron y fueron arrebatados al cielo en cuerpo y alma- les es dada la potestad de lanzar fuego por sus bocas (ya sea en sentido literal o figurado) y cerrar el cielo para que no llueva durante el tiempo de su predicación. Al final serán muertos por las fuerzas del Anticristo y sus cuerpos permanecerán uno al lado del otro, en la gran plaza de la gran ciudad durante 3 días y medio – la plaza de San Pedro en Roma -. Fue tanto lo que atormentaron a los habitantes de la tierra durante su predicación de 3 años y medio, que su muerte fue celebrada por todos los habitantes de la Tierra, enviándose regalos los unos a los otros para celebrarla, y todas las personas de todos los lugares pudieron verlos muertos y tendidos en el piso durante esos 3 días y medio. Hoy día eso es posible gracias a la Televisión y al Internet, pero al cabo de ese tiempo resucitarán causando el temor y la confusión de muchos y ascenderán al cielo en una nube al llamado de Dios.

Sí, querido lector, la pandemia que actualmente se cierne sobre la tierra es solo el comienzo de la gran tribulación, es algo asi como la punta del iceberg. De acuerdo a los mensajes Marianos el único camino para ser salvos es volver los ojos a Jesús. El hombre se alejó de Dios y horrendos pecados como el aborto presenta un número de víctimas superiores a los fallecidos en la 2ª Guerra Mundial, incluyendo a las víctimas del genocidio Nazi. Estamos hablando de inocentes masacrados en los vientres de sus madres y en países como Argentina las madres celebran jubilosas en las calles la aprobación de leyes que lo permiten. ¿A dónde hemos llegado? ¿Acaso la humanidad no merece un terrible castigo de Dios por estos hechos? Pero ni siquiera he mencionado la corrupción y el abuso sexual de menores con la utilización de redes internacionales como las dirigidas por el tristemente famoso Jeffrey Epstein quien se suicidó al no poder soportar el peso de sus culpas y quien seguramente desde el infierno clama con gritos de dolor. Pero aquí caben el uso y el abuso de drogas y alcohol, la prostitución, el narcotráfico, el asesinato y la violencia y tantos otros crímenes cuya lista sería interminable mencionar. Sí, muchos serán dejados fuera y como dice el Evangelio será *"el llanto y el crujir de dientes"*.

¡La Gran Tribulación ha llegado y al final el Corazón Inmaculado de María triunfará! Depende de nosotros creer o no creer.

EL SALTO DEL TEQUENDAMA, COLOMBIA

Jamás imaginé el arduo camino que tendría por delante. Si una teoría, por no decir una realidad, se sale del marco de todo aquello que dicen los científicos, entonces el mismo medio científico, a fin de protegerse, niega los nuevos descubrimientos y se encarga de tapar el sol con las manos. Como ejemplo de lo que afirmo están los hallazgos en las cuevas de Glozel en Francia, cuando a comienzos del siglo pasado, el campesino Emile Fradin, araba su campo y su carruaje cayó en un agujero, descubriendo impresionantes piezas con diferentes edades que iban hasta más allá de la Edad del Hielo, la arqueología francesa se dividió en dos: antes de Glozel y después de Glozel. Otros descubrimientos arqueológicos aún no han sido acreditados por la ciencia como aquellas figuras antediluvianas descubiertas por Daniel Russo en Marcahuasí en Perú, y para redondear un poco más el asunto, que decir de mi descubrimiento de la Atlántida, el cual fue motivo de otro libro, titulado Códex, varios artículos de prensa y viajes a dar conferencias en México, Colombia y Argentina.

Ah, pero atención, existen otros monumentos, esta vez no esculturas sino pinturas, como aquellos que demuestran que los humanos llegados a este continente americano lo hicieron muchísimos años antes que aquellos que afirman que la migración vino del norte de los humanos que cruzaron el Estrecho de Bering por un puente de hielo que unía Asia y América. Esta nueva teoría fue demostrada por los descubrimientos en Brasil de "Pedra Furada" –"Piedra Horadada o Perforada"- en 1973.

Para terminar, solo le pido al lector no juzgarme y que simplemente observe las más de 300 fotografías que aporto a continuación, las cuales son más que pruebas de verdad suficiente y que lo mencionado en el Libro de Enoc no es una fantasía sino una realidad de a puño. Abramos nuestros ojos para discernir que la tribulación de antaño que atrajo el Diluvio Universal no es nada comparada con la que estamos comenzando a vivir.

ETAPAS DEGENERATIVAS:

El lector notará que en adelante hablo de tres grandes etapas degenerativas. La clasificación es subjetiva y simplemente me baso en mis propias observaciones y en lo narrado en los Diálogos del Timeo y el Critias de Platón quien menciona el hecho que los atlantes –en este caso los Nefilim o gigantes-, fueron perdiendo su esencia divina en su contacto con los humanos –se refiere a las mujeres de la especie humana- y se fueron degenerando, tornándose perversos. No es imposible entonces clasificar las cabezas de los Nefilim.

Pero también es importante entender, que los Vigilantes –ángeles caídos- de acuerdo a lo descrito en el libro de Enoc y en la misma Biblia, interactuaron sexualmente no solamente con las hijas de los hombres sino también corrompieron toda carne, llenaron la Tierra de violencia y con ello lograron que Dios se doliera en su corazón, tal como lo mencionan esos dos libros sagrados.

1- En la "primera etapa degenerativa" aun retienen gran parte de su esencia divina y son lo más parecidos a los humanos e inclusive a los primeros animales con los que tuvieron contacto.

2- En la "segunda etapa degenerativa" se apartan cada vez más del parecido con los humanos o con los animales –bestias, reptiles, pájaros y peces- con los que tuvieron contacto sexual-.

3- 3- En la "tercera etapa degenerativa" se ven cabezas y animales representando horrendos y aterradores monstruos. En este ensayo investigativo veremos claros ejemplos de estas tres etapas. Las imágenes a continuación se deben a la 1- Tecnología satelital, 2- Google-Panorama (hoy dia Panorama no existe asociada a Google), 3- NASA, 4- Tecnología digital y en la mayoría de las ocasiones a las fotos y al trabajo del autor.

Ahora, dando cumplimiento a lo ofrecido, iremos en un recorrido visual al escalofriante Salto del Tequendama, un sitio icónico y abandonado, escogido por muchos suicidas para despedirse de esta vida. Allí existe un hotel construido en el siglo pasado, e inaugurado en 1927 para los miembros exclusivos de la alta sociedad capitalina, pero debido a lo lúgubre del sitio, al frio, a la neblina, a las historias fantasmales y a la pestilencia de las aguas del Rio Bogotá, el lugar se encuentra abandonado desde hace mucho tiempo. El hecho de haber escogido dicho lugar terrorífico para comenzar este corto ensayo, es debido al cúmulo de diversas imágenes basadas en una realidad innegable perdida en el pasado, que demuestra la veracidad de lo narrado en la Biblia y en el Libro de Enoc, particularmente a lo narrado en el Libro de los Gigantes de Enoc. Fue gracias a una extraña coincidencia, que el día que llegué a ese extraño lugar, el agua fue cortada por las autoridades regulatorias del caudal, siendo desviadas a las lagunas de oxidación. Eso me permitió lograr unas increíbles fotografías de las rocas que normalmente están detrás de las aguas y que muestro en el siguiente capítulo.

EL SALTO DEL TEQUENDAMA, COLOMBIA.

-A- Primera y la más alta de las cabezas que conforman el "tótem" del Salto del Tequendama, lo que presupone, de acuerdo a la leyenda, que se trata nada menos que del famoso "Bochica". Nótese la mirada iracunda, la barbilla partida y el asombroso detalle que permite ver inclusive los dientes. Etapa degenerativa final.

-B- Nefilim tallado en las rocas del "Salto de Tequendama". La imagen es la primera de abajo hacia arriba. Obsérvese la lengua. Etapa degenerativa intermedia.

–Fotos del autor-.

El Salto, Colombia. Impresionantes cabezas de Nefilim talladas en las rocas del "Salto de Tequendama". La imagen es de una gran plasticidad. Encima de la cabeza al frente -3- pueden verse otras dos y debajo otra. Etapa degenerativa intermedia. -Foto del autor-.

Impresionante cabeza de Nefilim "tallada" en las rocas del Salto de Tequendama. La imagen es de una gran plasticidad. Detrás de la cabeza al frente puede verse otra. Etapa degenerativa intermedia. -Foto del autor-.

Nota: es importante anotar que en las cabezas del "Salto" las lágrimas son "reales" y están representadas por el agua, en este caso, unas de las aguas más contaminadas del mundo, pues el caudal del Río Bogotá recoge todas las aguas negras de la ciudad. Es algo así como un castigo permanente que tienen que sufrir esas cabezas de los Nefilim.

Impresionante cabeza de Nefilim "tallada" en las rocas del "Salto de Tequendama". Puede verse el moho y la hediondez que impregnan las paredes. Aunque el sitio es lúgubre, encierra una misteriosa belleza. Etapa degenerativa intermedia.

–Foto del autor-.

Impresionante cabeza de Nefilim mirando al abismo tallada en las rocas del "Salto de Tequendama". Pareciera estar hecha en carbón. Etapa degenerativa intermedia. –Foto del autor-.

REGIÓN DEL SALTO DEL TEQUENDAMA, COLOMBIA.

Cabeza de Nefilim de aspecto fantasmal tallada en las rocas del Salto de Tequendama. Última etapa degenerativa.   —Foto del autor-.

Al regreso de mi expedición fotográfica ese día, tuve la fortuna de ver a lo lejos y entre la niebla dos cabezas realizadas por los Nefilim. Daban la impresión de ser parte de un cuadro impresionista. ¡Qué suerte haberlas encontrado! Inmediatamente detuve el vehículo, tomé varias fotos y arriba puede observarse una de lo que encontré. –Foto del autor-.

Región del Salto del Tequendama, Colombia.

Pocos días después decidí viajar en dirección sur, camino de Honda. De nuevo, en una zona vecina al Salto, tuve una experiencia impresionante. A mi derecha observé un conjunto monumental de montañas formando la cabeza de una posible mujer hablando o gritando. La creatividad de nuevo era asombrosa. Era obvio que la persona o personas que realizaron todo esto tuvieron que realizarlo desde un ángulo similar a donde yo me encontraba, ¿fueron los Vigilantes sus realizadores? La escala monumental parecía sugerirlo. Etapa degenerativa intermedia. –Foto del autor-.

Conjunto monumental de montañas formando la cabeza de una posible mujer y al fondo la de un varón -la dualidad-. La creatividad de nuevo es extraordinaria. ¡Algunas veces la vida nos ofrece oportunidades increíbles! El simple hecho de estar vivos ya es suficiente, pero cuando me detengo a observar lo que me rodea, no tengo motivos sino de agradecimiento. ¡Cuántas personas han visto lo que yo he visto y no se han dado cuenta de la belleza, lo terrible y lo extraordinario que tenían enfrente, ¿Pero y qué decir de su rareza?

Etapa degenerativa intermedia. –Foto del autor-.

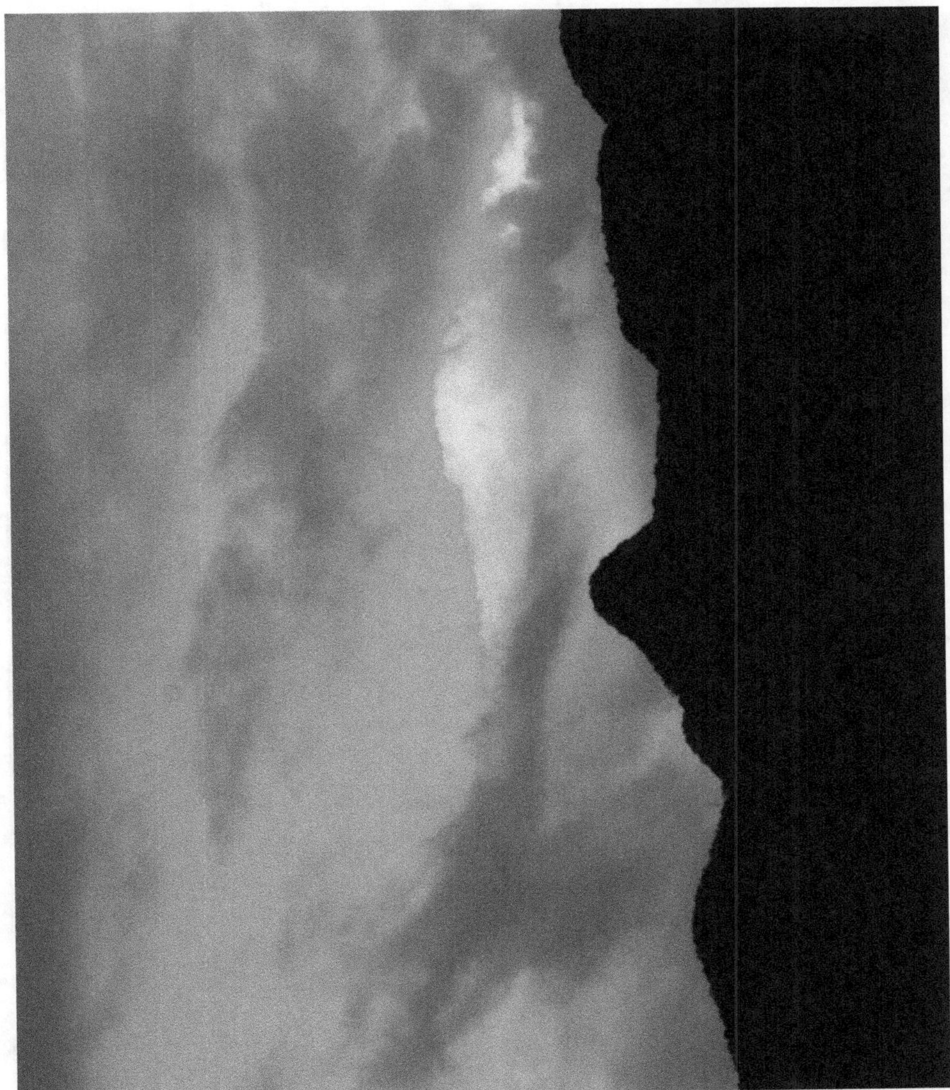

Fue entonces cuando se me vino a la mente aquella definición del famoso poeta alemán Rainier María Rilke: "…la belleza es aquel grado de lo terrible y de lo amargo que aún podemos soportar, y si lo hacemos es porque impasible desdeña destruirnos." Conjunto de montañas formando el perfil de una posible mujer. La creatividad de nuevo es extraordinaria y los contrastes de luz y sombra favorecen la misteriosa monumentalidad del conjunto. Etapa degenerativa intermedia. –Foto del autor-.

Región del Salto del Tequendama, Colombia.

El Salto, Colombia. Impresionante cabeza de un gigante hembra, usando lo que parece ser una máscara que le cubre los ojos. Nótense "los labios pintados". Etapa degenerativa intermedia. –Foto del autor-.

Cabeza de un gigante –Nefilim- con la forma de un animal, tal vez un zorro. Los árboles de más abajo dan una idea del enorme tamaño de la cabeza. Etapa degenerativa intermedia, nótense las lágrimas. –Foto del autor-.

El Salto, Colombia. Dos impresionantes imágenes del cráneo de un humano o de un simio - ¿humanoides? - en las estribaciones de la cordillera. Hasta ahora inexploradas. Obsérvense el detalle de la dentadura. Una vez más, impresiona la obsesión con la calavera, símbolo de la muerte. Obsérvense los labios y las lágrimas mezcladas con sangre. Etapa degenerativa intermedia.

–Foto del autor-.

Región del Salto del Tequendama, Colombia.

Cabeza de Nefilim con cavernas simulando los ojos, nunca exploradas. Última

etapa degenerativa. –Foto del autor-.

Cabeza de Nefilim con misteriosa entrada a una caverna hasta ahora nunca explorada. -Foto del autor-.

El Salto, Colombia. Aterradora cabeza de Nefilim con aspecto fantasmal, tallada en la montaña. La boca es la entrada a una caverna, hasta ahora inexplorada. Le recuerdo al lector que estos monumentos son anteriores a las Pirámides de Egipto., última etapa degenerativa. –Foto del autor-.

El Salto, Colombia. Impresionante cabeza de Nefilim que se destaca por su expresión de tristeza —obsérvese la mueca de su boca y su abultada nariz. Los ojos parecen derramar torrentes o cascadas de lágrimas. Etapa degenerativa final. -Foto del autor-.

Gigantesco cuerpo de armadillo o topo proveniente de la interacción de un "ángel caído" con un animal de esa especie. Obsérvense las casas construidas al fondo sobre la cresta las cuales dan una idea de la inmensidad de la escultura. Etapa degenerativa final. -Foto del autor-.

Nota 1:

Si la humanidad es más antigua de lo que pensamos, quizás esos Nefilim vieron algunas de las grandes catástrofes de la antigüedad. Unas de origen cósmico, como fueron cualquiera de las cuatro grandes extinciones masivas vividas durante los últimos 440 millones de años. Tres producidas por impactos planetarios o la última causada cuando quizás la tierra captó a la luna en su órbita, un planeta gemelo de marte, hace unos 12 o 13.000 años y la cual conocemos como el Diluvio Universal. Tal vez no solamente le robamos a marte su planeta gemelo sino quizás también su agua. Otras catástrofes de origen terrestre, como la erupción del monte Toba hace 71.000 años, obligaron a la tierra a vivir el período más frío del Pleistoceno o de la Edad Glacial, forzando a sus habitantes a buscar refugio en las profundidades de la tierra a fin de garantizar su supervivencia.

Nota 2:

En Facatativá existen –a manera de corolario- muchas otras piedras con fantásticas cabezas de Nefilim con cuerpos de animales, las cuales el lector podrá observar más adelante.

Región del Salto del Tequendama, Colombia.

-A- Esta impresionante cabeza de Nefilim está iluminada con el sol de la tarde y tiene la forma de un cráneo humano con la extraña sonrisa de la muerte. Es muy interesante observar –cómo en muchos otros casos- que la vegetación se adapta con la intención de aquel personaje que la hizo. Y cabe preguntarse si esta es obra de los gigantes o de alguno de sus padres los Vigilantes. Obsérvese el tamaño de los árboles.

--B- Estas cabezas de Nefilim están también iluminadas con el sol de la tarde y parecieran estar coronadas.. Cabe preguntarse si esta es obra de los gigantes o de alguno de sus padres los Vigilantes. Obsérvese el tamaño de los árboles. Etapa degenerativa intermedia. -Foto del autor-.

SUESCA, COLOMBIA.

Horrendas cabezas de Nefilim mezcla de ángel y animal -B1- tal vez de la especie bovina. La de arriba parece la de un simio en estado evolutivo. La -B2- muestra una expresión burlona y maligna. -Fotos del autor-.

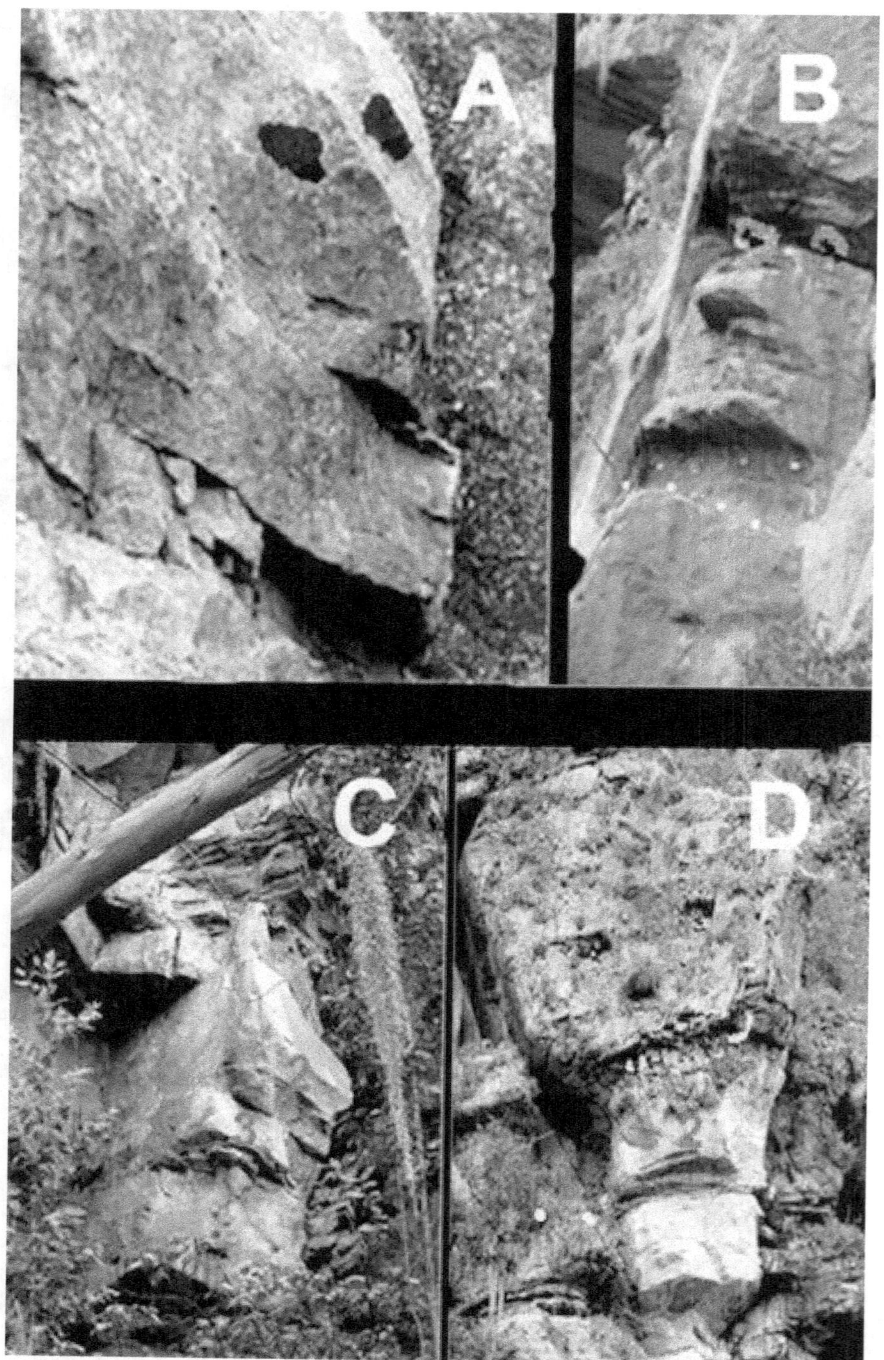

E cabezas de Nefilim dignas del museo del horror. C: Sistema de triple cabeza. La de abajo –D1 y 2-, es un sistema de doble cabeza, recuerda la deforme cabeza de "Frankenstein". -Fotos del autor-.

Sistema de triple cabeza -1- derramando lágrimas y con una mueca mezcla de ira y dolor. El número 2 pareciera ser la cabeza de un perro. —Foto del autor-.

Nadie sabe en que momento hicieron las cabezas, ni como, ni las razones exactas del porqué, el hecho es que están allí, dando mudo testimonio de su desgracia. Muchas veces me he preguntado si Dios mismo o el diablo convirtió a los Nefilim en piedra en un instante y la verdad es que no lo sé. Creo que nadie tiene la respuesta. El realismo es lo que más impresiona y de ahí la pregunta. –Foto del autor-.

Desde que comencé este estudio, son cientos las preguntas que aparecen en mi mente. Una de ellas es ¿Qué pensarían los Vigilantes cuando vieron los monstruos que habían creado? Al fin y al cabo eran sus propios hijos y perdieron el Paraíso para siempre.

La cabeza –A- corresponde a una hembra, pues el "maquillaje" de sus labios así lo demuestra. La cabeza –B- es la de un anciano y en la cabeza –C- podemos observar la tipología típica de un ojo la cual también veremos en otros ejemplos más adelante. –Fotos del autor-.

Es sin duda impresionante la necesidad de los Nefilim de agruparse, como si ese instinto gregario que existe en el reino animal de alguna manera los protegiese y les permitiese perpetuarse para la posteridad. Terrible debió ser la noticia de haber perdido el Paraíso para siempre y de no haber sido perdonados por Dios. –Fotos del autor-.

En esta serie de fotografias aparecen cabezas de Nefilim de diferente grado de

antigüedad y fuera. Las fotos A y B son las más alejadas de cualquier

apariencia humana. La foto B muestra claramente la hibridación, pero

desconozco con exactitud a cual, tal vez a uno de la especie equina. La foto D

muestra a un ser viejo e iracundo y la foto C muestra a una persona joven y es

lo más parecido a un ser humano "normal". Todos lloran profusamente.

–Fotos del autor-.

El trabajo monumental de haber realizado estas tallas en los acantilados de la montaña, debió tomar un largo tiempo, pues si no fue así, la única explicación posible es que hubieren sido hechos en un instante por intervención Divina.

No lo sabemos y quizás no lo sabremos nunca, El nivel de abstracción, la plasticidad y el realismo dignos de un Picasso, un Dalí o un Rembrandt dan mucho que pensar. Es obvio que las tribus precolombinas como los chibchas o los muiscas, no pudieron haber hecho todo esto, pues su sistema de expresión es diferente y puede observarse en las piezas que se exhiben en el museo del oro en la ciudad de Bogotá. -Foto del autor. -

No hay nada al hazar, todo se aprovecha. Son muchas las cabezas que aquí aparecen, tantas, que sólo he numerado unas pocas, entonces uno también se pregunta que habrían pensado sus madres de la especie humana de haber parido semejantes monstruos. La mayoría de los Nefilim que aparecen en este ensayo son seres adultos, entonces debió pasar mucho tiempo antes del castigo y del Diluvio Universal. ¿Cuánto tiempo vivían los Nefilim? Si en aquellos tiempos los hombres podían alcanzar muchos años —en algunos casos el milenio y a veces más, entonces, ¿cuánto tiempo se demoraron en hacer todas estas tallas? –Foto del autor-.

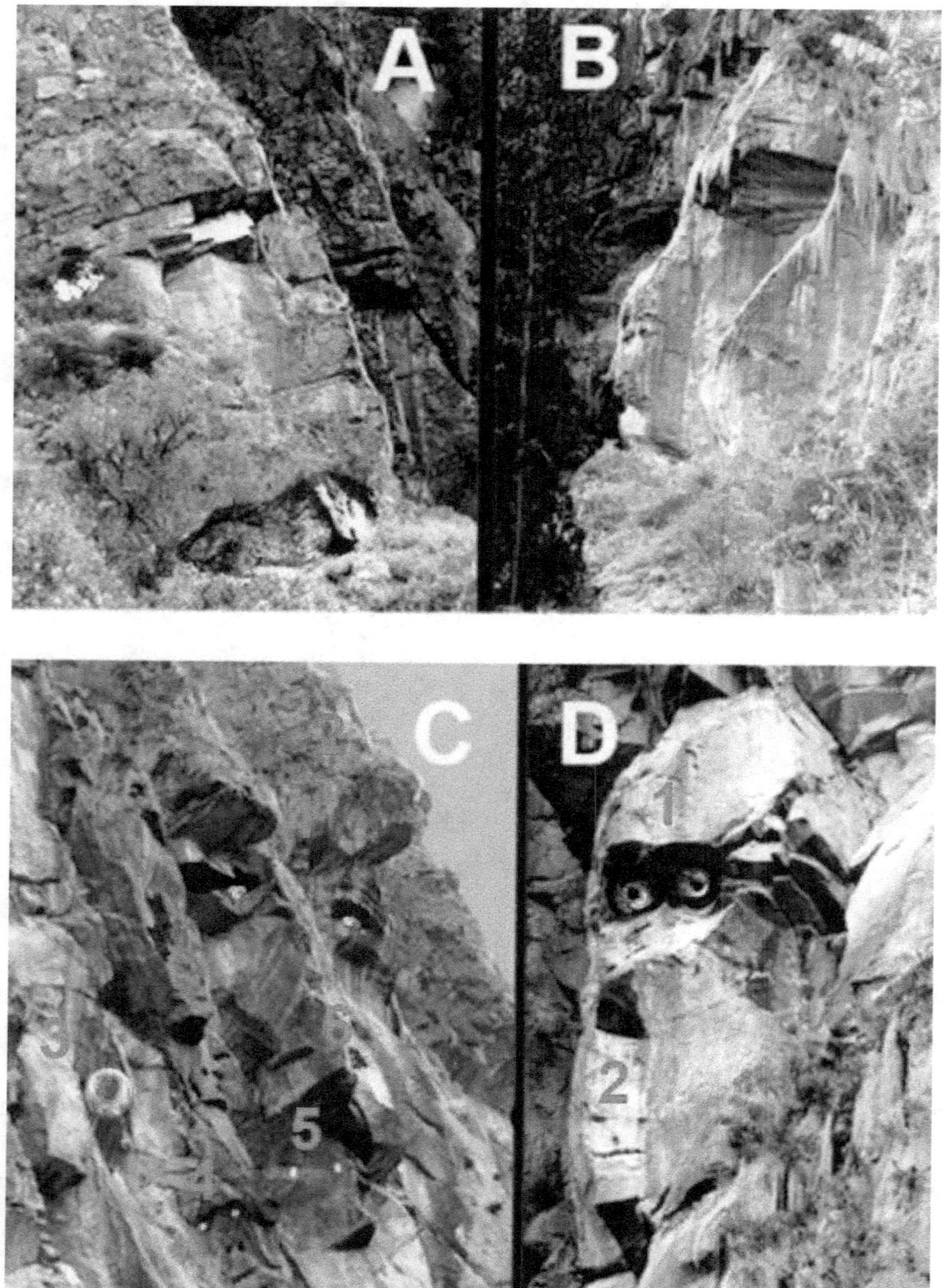

En el caso de la foto –C- existen infinidad de cabezas que se mimetizan unas con otras. Muestro con los numerales unas cuantas –mas no todas- para facilitar la labor del lector. En el caso de la foto –D-1- impresionan los ojos inyectados de sangre. -Fotos del autor-.

En esta cabeza de Nefilim, sin duda alguna conmueven su mueca de tristeza y sus lágrimas de dolor. Existen otras figuras esbozadas en la piedra, más arriba de los ojos. Etapa degenerativa final. –Foto del autor-.

En esta mujer coronada llorando impresionan no solamente por su corona, sino el maquillaje de sus labios y particularmente las pestañas El ángel Asa' el, según el Libro de Enoc, el más aborrecido por Dios de todos ellos, fue aquel que les enseñó –entre otras cosas- a las mujeres a maquillarse.

–Foto del autor-.

En este caso, también solo número aquellas cabezas que para mi son las más importantes. La cabeza –A- es la de un rey coronado y el muro de roca tallado en la –C- es lo que yo llamo un "Guernica" de la prehistoria. Aquí impresiona la figura -1-, la cual usa chivera y tiene una expresión mefistofélica.

–Fotos del autor-.

En el caso de la figura –A- domina claramente la cabeza -1-. En la foto –B-, la

expesión y la mirada de esa cabeza denotan ira y tristeza al mismo tiempo. En la foto –C- hay multiplicidad de cabezas y sería casi imposible enumerarlas, solo señalo dos: la número -1- pareciera ser la de un perro de presa o de lo contrario, lo que parecen ser orejas paradas, podrían ser dos cuernos. La -2- tiene una expresión burlona. Entonces pensé si aquel sería un además de ser un luga ceremonial de culto, también sería también un cementerio. ¿Acaso no había visto el cráneo que muestro al principio no lejos de allí? Pero…¿quién estaría dispuesto a financiar semejante aventura? Yo ciertamente no tenía los medios. Habría que empezar por conseguirlos y a continuación pedir los permisos y escoger uno o más sitios para después comenzar con las excavaciones. No podía creer que no hubiese más cráneos, ataúdes o huesos enterrados. ¿Adonde habrían ido a parar los Nefilim de Suesca? Continué caminando y meditando que hacer con tanta información, tal vez publcat todo en un libro que quizás algunos leerían o mirarían, si, un libro, esa era quizás la solución…-Fotos del autor-.

Continué con mis descubrimientos y con mi aventura fotográfica y entonces me di cuenta que si Dios quería revivir esta historia, Él me mostraría el camino.

–Fotos del autor-.

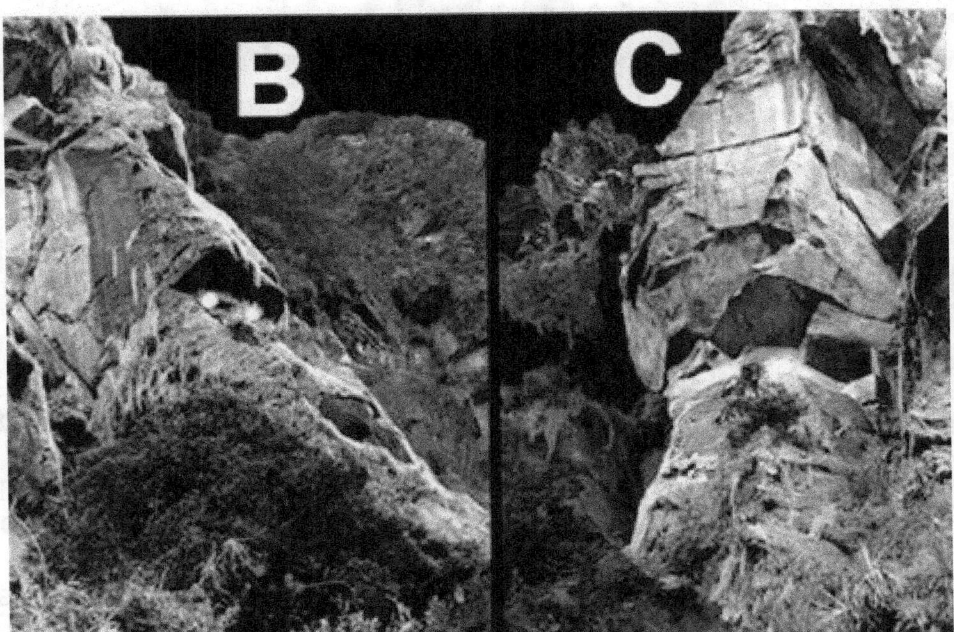

Es particularmente interesante el Nefilim de Suesca de la foto –A-, el cual parece un monje encapuchado. Además de estar llorando parece estar hablado o cantando. –Fotos del autor-.

El monolito de las tres fotos superiores —el cual es el mismo- parece haberse desprendido hace muchos siglos de los farallones, pero por más que busqué, no pude descubrir de dónde. Le pedí a mi amigo Pablo que se parara junto a él para darle escala, entonces observé en la foto --B 2 rastros de un metal brillante, me pregunté si era oro o cobre, pero al fin de cuentas no llegué a descubrir de cual metal se trataba. –Fotos del autor-.

En la horrenda cabeza superior, una nariz de chancho se proyecta hacia adelante La vegetación y el musgo, -aparentemente llegado a Colombia con la conquista, llamado también el musgo español -o Spanish moos-, le añade un toque de dramatismo a las cabezas, actuando como si fuera pelo.

–Foto del autor-.

En este caso, las lágrimas mezcladas con sangre, llamaron mi atención.

Habían pasado 12.000 años y su tormento parecía haber sido ayer.

–Foto del autor-.

Pero…¿qué pasa? ¿Acaso también está sudando lágrimas de sangre?

¿Porqué está sudando? y…sus ojos…parece vivo y han pasado milenios…

¿está mirando al cielo? Su cara está manchada con sangre… ¿sangre de

quién? –Foto del autor-.

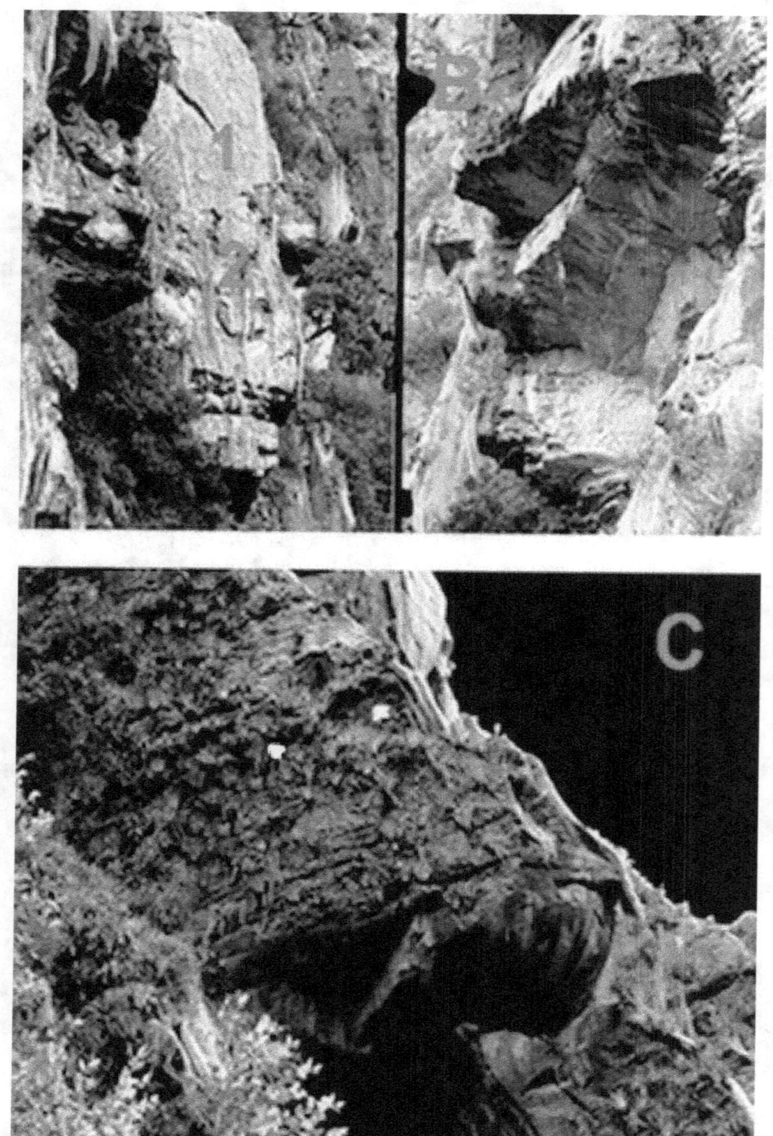

Sin duda hay unas imágenes más horríficas que otras. –A- Aquí aparecen de nuevo los extraños brillos metálicos formando los ojos de la figura -2-. Muchas parecen estar dispuestas a devorar lo que les pongan por enfrente, pero no deja de sorprenderme el monstruo de la figura –C- con su cara granulada y embadurnada con algo parecido al alquitrán. –Foto del autor-.

De nuevo la capacidad de abstracción es sorprendente. Yo reto al mejor escultor moderno a realizar una cabeza con estas pocas piedras y no creo que pueda lograrlo con esta impresionante creatividad. –Foto del autor-.

Suesca, Colombia.

La pareja antediluviana de la figura -A- llora amargamente su desgracia.

Parecieran ser ambos orientales y sorprende el sombreo de lo que parece ser

la hembra. En este caso el macho es el que más llora y sus lágrimas

sanguinolentas se mezclan con el moco que sale de la nariz. Cuando observo

todo esto pienso en que Dios no les perdonó el pecado propio ni el de sus

padres los Vigilantes, así como tampoco perdonó el pecado a los habitantes de

Sodoma y Gomorra y los borró de un plumazo con una lluvia de fuego y azufre.

Los ojos de maldad del monstruo de la figura -1- hacen de nuevo pensar en el presente. Los hombres de hoy día están llenos de corrupción y de malicia. La corrupción reina en todas las esferas, y… como dice el salmista, "…Vanidad de vanidades, solo vanidad…" Acaso querido lector, cuando ves estas imágenes, ¿no piensas que los corruptos de este mundo no pueden quedar impunes y pasar desapercibidos? ¡Ciertamente no! Recuerdas aquellas palabras del Evanlio cuando Jesús dice "…será como en los días de Noé, que llegó el Diluvio y se los llevó a todos…y será como en los días de Lot que llovió fuego del cielo y nadie se salvó…" Si querido lector, eso es este libro, un recordatorio de algo que pasó. Aquí están las imágenes para que nadie pueda negarlo. ¡Lo que sucedió sucederá de nuevo, con una tribulación como nunca ha sucedido!

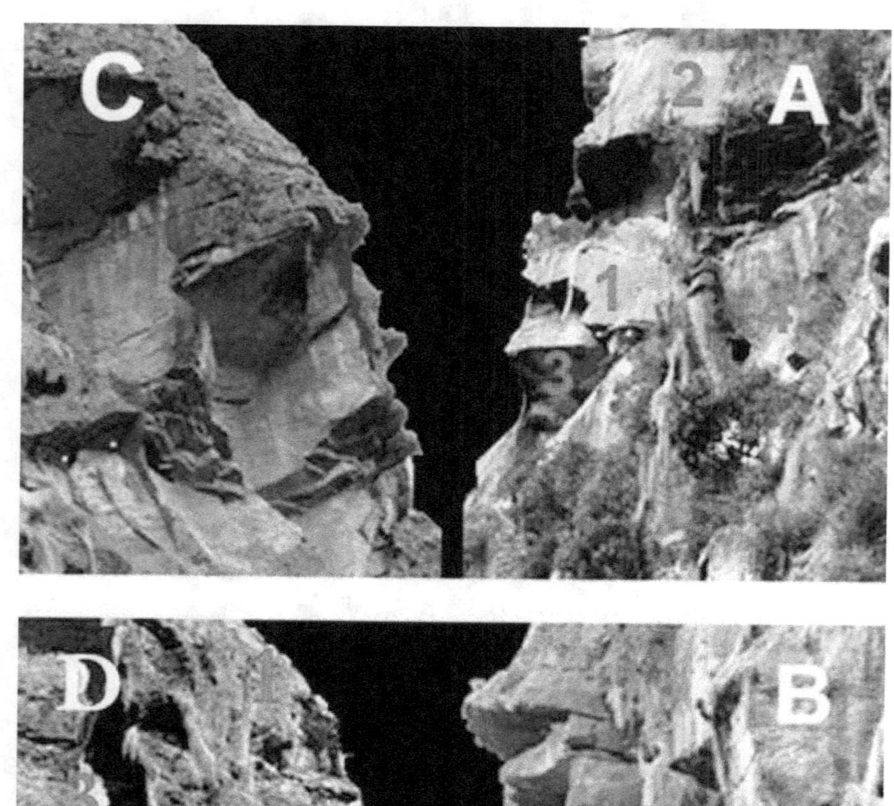

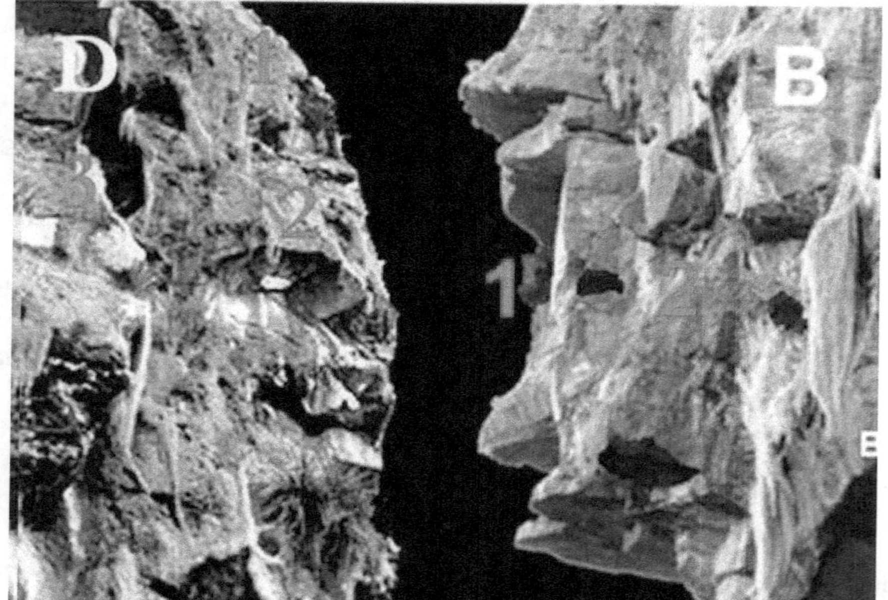

La hembra de la foto –C1- parece tener una herida en la frente, presenta unos labios pintados y pareciera estar buscando compasión con su mirada. El rostro de la hembra de la foto –B2- parece una máscara y sus labios también aparecen pintados a la perfección. –Fotos del autor-.

Suesca, Colombia.

Sin duda, el rostro que más impresiona y es de una extraña belleza aparece en las fotos C y D, tiene las pestañas maquilladas, los labios gruesos y parece pertenecer a la raza negra o africana. Los otros dos rostros lloran profusamente –Fotos del autor-.

El rostro de este ser parece tener una hibridación con un ave de rapiña, pero también llama la atención los brillos metálicos debajo del pico. He llegadoa pensar que quizás sea oro o cobre, el cual también aparece más arriba. –Foto del autor-

Suesca, Colombia.

Esta horrenda cabeza de mirada inquisitiva e iracunda digna del "museo del

hrror" ha sido invadida por las lágrimas y el musgo que le dan un aspecto

desgreñado y descuidado. –Foto del autor-.

Cuando era niño disfrutaba enormemente los comics de dibujos animados y recuerdo las historietas de detectives de Dick Tracy con su extraña y agresiva nariz. Pues bien, la nariz de este Nefilim me recuerda aquella de ese personaje. Lo que cambia completamente es el rostro bañado en lágrimas de la foto superior. Por otra parte parece como si la cabeza le hubiese sido cercenada de un tajo con un arma muy afilada, tal vez algo parecido a un hacha. Recordemos que las guerras y la barbarie de esa especie, era –de acuerdo al Libro de Enoc- algo muy común. Cuando la comida se acabó, no solamente se comieron la carne de los humanos y se bebieron su sangre, sino que hicieron lo mismo con ellos mismos. -Foto del autor-

Suesca, Colombia.

Los banquetes de sangre que debieron tener lugar pueden apreciarse en la

fotografia superior en donde las figuras 3 y 4 -entre otras muchas- aparecen no

sangre. Todas las figuras lloran a mares. -Foto del autor-.

Suesca, Colombia.

Es particularmente interesante la máscara que usa la cabeza –C-, la cual

esconde un rasgo o deformidad en la textura de su piel como lepra o viruela,

algo de lo cual puede observarse más abajo cerca de su cuello. Parece algo así

como la máscara de un luchador o gladiador moderno. -Fotos del autor-.

Suesca, Colombia.

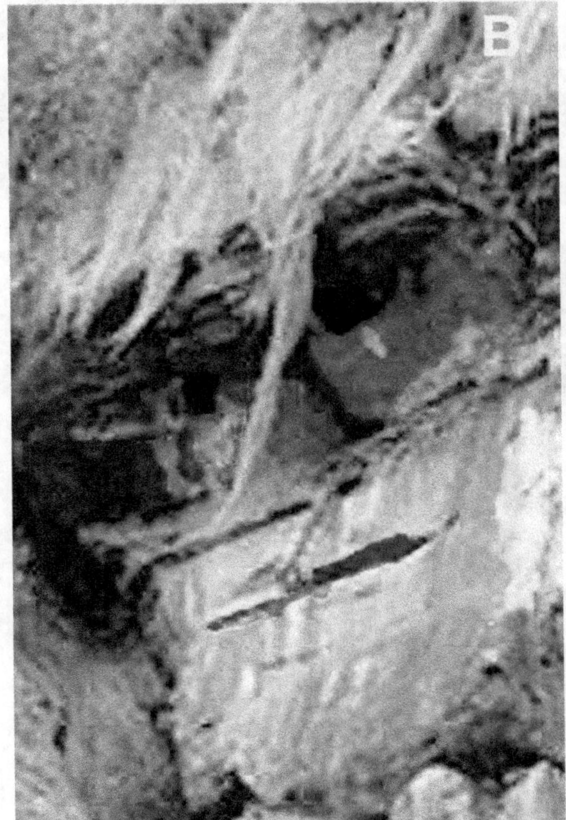

En este caso –A- las lágrimas también abundan. En la cabeza -B-, como dato

curioso –debido a las sombras y a las lágrimas, pareciera llevar gafas oscuras

de sol. -Fotos del autor-.

Aquí también abundan las lágrimas y las muecas de dolor –D-. La cabeza –C-
muestra la ira y el descontento, mientras que la foto –A- muestra una cabeza
doble macho-hembra, la dualidad. -Fotos del autor-.

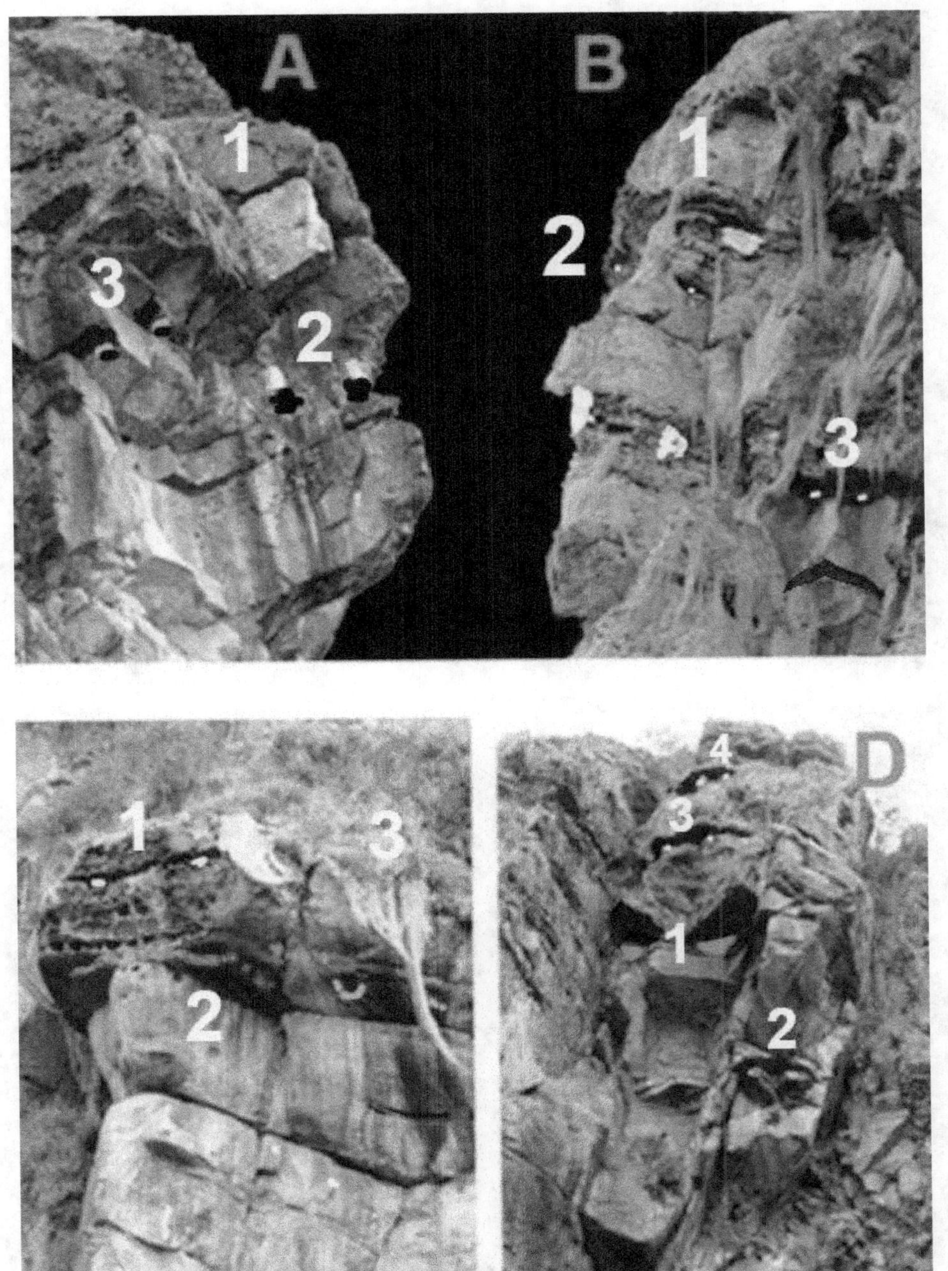

Creo que debido a la cantidad de cabezas que muestro en las tres fotos de arriba, voy a pedirle al lector que el mismo las analice, lo cual hace de ello un ejercicio muy interesante. -Fotos del autor-.

Cabeza triste de Nefilim llorando.

Arriba oueden verse con claridad las cabezas de dos horrendos gigantes

llorando amargamente. -Foto del autor-.

Esta fue una de las cabezas que más llamaron mi atenciónn al comienzo de mi investigación. Al comienzo pensé que debido al largo tiempo que debió tomar el realizar todas estas cabezas, quizás debió existir un proceso evolutivo y un paso del simio al hombre, pero no fue así. No existen vestigios de dicho proceso y son muy escasos los ejemplos de simios. La humanidad ya estaba formada –o más bien deformada- cuando los Nefilim decidieron dejar su recuerdo en este sitio. Si bien unas tallas son más antiguas que otras, puedo afirmar que existen varias razas e hibridación con animales, tal y como lo afirma el Libro de Enoc. En este tétrico caso, el rostro aparece embadurnado con una mezcla de sangre y lágrimas después del horripilante banquete que seguramente tuvo lugar. –Foto del autor-.

Esta analogía –A- con los sarcófagos egipcios de las últimas dinastías nos murestra dos enormes sarcófagos -macho y hembra- colocados sobre la cabeza de una enorme serpiente. Las medidas coinciden con aquellas dadas en El Libro de Enoc: 252 m para el macho y 235 m para la hembra. Nótense las tallas sobre sus tapas. Las hembras mostradas en las fotos –B- y –C- muestran estar maquilladas, especialmente la de la foto –C- ostentando largas pestañas. –Fotos del autor-.

¡Qué sorpresa me llevé cuando vi de nuevo esta cabeza! El cura párroco de

Suesca realizó un exorcismo seguido de una procesión a fin de auyentar

cualquier maleficio del lugar, y sin que nadie entendiera sus razones, lo que él

había descubierto o en lo que él creía. Entonces mandó colocar una estatua de

la Virgen encima de la nariz de esta enorme cabeza. Algunos pensarán que el

cura fue irrespetuoso con la cabeza o con el sitio, pero no fue así, de acuerdo a

la fe católica hizo lo correcto y eso es parte de la historia de esta cabeza y del

sitio. -Foto del autor-.

Impresionante representación de un Nefilim viejo llorando.

–Foto del autor-.

Extraordinario rompecabezas visual formado por tres cabezas. –Foto del autor-

De nuevo la obsesión por la muerte se devela en esta imagen formada por ojos salidos de las cuencas de una calavera mostrando una dentadura desgastada y en mal estado. –Foto del autor-.

De nuevo yo pregunto: ¿Cuánto tiempo tomó la transformación de estos Nefilim en estas piedras? ¿Quién en su sano juicio se representaría llorando de esta manera para la posteridad? La tristeza, el dolor y las lágrimas están siempre presentes con impresionante realismo. –Foto del autor-.

Aquí enumero lo que para mí son las dos cabezas más importantes. Es obvio que hay más de una decena, pero con el objeto de no saturar la imagen con ellas solo menciono esas dos. Me es difícil imaginar, si las cabezas no fueron parte del castigo de Dios en forma instantánea, entonces el aquelarre de cientos de escultores peleándose el terreno para dejar sus improntas para la posteridad, debió ser muy impresionante. –Foto del autor-.

De nuevo esta imagen está bañada por las lágrimas con sangre y el musgo

cuelga de una manera que parece ayudarle para que se vean más reales.

–Foto del autor-.

Esta cabeza recuerda el perfil de Pakal Votán en México, - llamado también el astronauta de Pakal- allá es una figura pétrea esculpida sobre la tapa de su sarcófago de varias toneladas. Aquí la mezcla de lágrimas y sangre abunda.

-Foto del autor-.

Han pasado miles de años desde entonces y sus cabezas aún dan testimonio de algo grande y poco conocido que pobló la tierra. Negar esta realidad de a puño, o afirmar que estas fantásticas esculturas furon realizadas por las culturas indígenas cae dentro del marco de lo absurdo y declararse ciego e ignorante: los indígenas no poseyeron ni las herramientas, ni tenian la necesidad o una capacidad plástica tan desarrollada como para haber realizado dichos monumentos bañados por las lágrimas. -Foto del autor-.

Aquí parece existir la dualida macho-hembra –la dualidad-. El macho seria la

cabeza -1- y la hembra la -2-. -Foto del autor-.

Una extraña nariz parecida a la de un chancho sobresale de esta cabeza -1-.

Las demás cabezas se apelmazan evitando así estar solas. -Foto del autor-.

En este grupo del horror, la cabeza que más llama la atención es la -1-. Hay muchas otras de las que aquí enumero y se puede pasar mucho tiempo observando el conjunto para descubrirlas. -Foto del autor-.

Muchos de los monumentos antediluvianos de los Nefilim, son enormes y fueron realizados para ser vistos a distancia o a gran altura y dependen del sol y de la posición del que ve. Su capacidad de abstracción es extraordinaria. Si nos atenemos al significado literal de la palabra Nefilim, esta, en idioma hebreo significa "caídos", o en otras palabras se refiere a ángeles caídos. Según el

Libro de Enoc eran 200 y tenían como líder a uno llamado Shemihaza o Semyhazza. Al ser ángeles, no es difícil entender que pudiesen volar o levitar objetos y tuviesen un inmenso poder capaz de lograr hazañas extraordinarias, muchas de las cuales veremos en esta recopilación investigativa. Algunas veces las figuras talladas en la roca se entremezclan con significados diversos y fueron hechas o instantáneamente o durante miles y seguramente millones de años. En muchos casos se expresa la dualidad macho-hembra. –Foto del autor-.

Nota 1: Estimado lector, para observar las imágenes a continuación, recuerde que, desde el espacio, el mundo puede verse desde cualquier ángulo. Han pasado algunos años desde que comencé a explorar los rostros y figuras que se encuentran en la tierra y no dejo de sorprenderme. ¿Si no los hicieron los Nefilim, quién los hizo? ¿Por qué los hicieron? ¿Acaso fue un deseo de toda una especie de no desaparecer para la posteridad? Es como si una competencia entre ellos hubiese tenido lugar. Es obvio que, dado la complejidad de los trabajos, estos se hubiesen desarrollado durante largos períodos de tiempo. En el caso de las Cabezas de Suesca puede observarse como las esculturas de unos se superpusieron sobre las realizadas por otros. No quisieron desperdiciar ni un centímetro cuadro de los farallones. Todo está esculpido. Es como si varios pintores hubiesen trabajado durante siglos sobre un lienzo que en este caso son las mismas rocas. No faltará quien diga que todo es una ilusión y que es pareidolia, como mirar figuras en las nubes, pero no es así. Las nubes se desvanecen, pero estas cabezas están allí, dando testimonio de los Nefilim que alguna vez las hicieron hace miles de años, dejando un testimonio y una advertencia. Es increíble la negación del ser humano ante lo obvio y como el cerebro, ante la pérdida de escala o lo fantástico, prefiere negar antes que aceptar lo que ve.

Nota 2: Los rostros que veremos a continuación, son un impresionante y monumental testimonio, casi todos con lágrimas congeladas en piedra, con miles de años de antigüedad: Como hemos visto en otras partes, Los Nefilim le rogaron al profeta Enoc que intercediera por ellos ante el trono de Dios para que Él los perdonara por sus crímenes y pecados y les permitiera ingresar al Paraíso, pero Dios no los perdonó y no se los permitió. Este testimonio del llanto de los Nefilim puede verse en muchas otras fotos de este libro.

Suesca, Colombia.

Este es uno de los pocos casos en la dualidad macho-hembra –la dualidad– pareciera estar disfrutado el momento y sonriendo, sin embargo, la figura del macho -1- también está llorando copiosamente. Esta mezcla de sentimientos es asombrosa. -Foto del autor-.

Aquí, la ferocidad es evidente, este es un caso más donde se muestra una combinación de dos cabezas, una más grande que la otra. Pareciera que la imagen más grande -1- fuera la de un Nefilim o Vigilante tuerto. -Foto del autor-

Las lágrimas de los gigantes. -Foto del autor-.

De nuevo la obsesión por la muerte es innegable. En esta impresionante cabeza, la imagen del motociclista con un equipo de camping le añade una escala especial a la enorme cabeza y los árboles parecieran semejar el cabello.

-Foto del autor-.

IV

PIEDRAS DE FACATATIVÁ, COLOMBIA.

La cabeza grande es la de un pez y la más pequeña la de una serpiente que emerge de la tierra, ambas cabezas presentan un impresionante realismo. La cabeza más grande presenta dod ojos siendo la posible conjugación de dos animales en eno solo –¿macho-hembra?- Sería muy interesante lograr excavar la tierra alrededor de dichas figuras con el objeto de verificar si tienen cuerpos, tal como se hizo con las cabezas en la Isla de Pascua con sorprendentes resultados, pues hasta ese entonces nadie sabía con certeza el tamaño real y monumental de las imágenes. ¿Acaso existen los cuerpos enterrados? Infortunadamente nadie parece interesarse y los presupuestos del Instituto Colombiano de Antropología son tan escasos que no alcanzan para eso. Última etapa degenerativa -Foto del autor-.

Ha pasado algún tiempo desde que inicié la cadena de mis descubrimientos y aún no dejo de sorprenderme al ver la capacidad plástica de esos ángeles caídos realizadores de esta descomunal empresa.

Piedras de Facatativá, Colombia.

Aquí pueden observarse al menos 5 cabezas. Los Nefilim eran incansables y su angustia por dejar su recuerdo impreso en la historia, así lo demuestra.

–Foto del autor-.

La leyenda que más se escucha acerca de estas piedras es que hace muchos años al cura que estaba construyendo la Iglesia de Facatativá se le acabó la piedra, razón por la que tuvo que parar la construcción, hasta que un día se le apareció el diablo y este le propuso un trato: "a cambio de la piedra que usted necesita para terminar la iglesia, usted me da su alma". El padre de inmediato aceptó y así fue como el diablo, en compañía de muchos de sus súbditos, fue trayendo las piedras, una tras otra. Hasta que un día fue tanta la culpa y remordimiento que el cura sentía, que terminó arrepintiéndose del trato, en ese momento el diablo se llenó de ira y ordenó que dejaran esas piedras tiradas allí. Pero nadie sabe en esos lugares si esa leyenda es cierta. Pues bien, la verdad es más aterradora que la ficción y sin duda alguna, está conectada con el diablo y sus secuaces los ángeles caídos. Lo que nunca entenderemos es como tallaron las diversas esculturas, algunas de ellas enormes, cuanto tiempo duraron haciéndolo, o, si lo hicieron en un instante o en una sola noche. La leyenda también cuenta que las piedras fueron llevadas desde Tunja, una población cercana y que los demonios las trasladaban por los aires en noches de luna para que nadie se diera cuenta. El traslado de imágenes y construcciones llevadas a grandes distancias por los ángeles como la casa de la Virgen María la cual fue llevada por los ángeles buenos desde Tierra Santa hasta Loreto en las horas de la noche es bien conocido. Otro caso en Colombia es el traslado del cuadro de la Virgen de Monguí desde Sogamoso hasta ese lugar. Parece entonces que los ángeles si tienen esa capacidad si Dios así lo permite.

En el caso de esta increíble aventura investigativa, todo lo que se afirma en un lenguaje sencillo y ameno, se muestra con extraordinarias fotografías y estudios gráficos. Nada queda al azar y sin comprobación suficiente. En otras palabras, es una manera de mirar el pasado con mente abierta y fresca, armando de nuevo la historia con argumentos de 'verdad suficiente', 'pruebas erráticas', conocimientos y dedicación. Este estudio no solo enseña una nueva forma de ver el mundo y nuestro pasado antediluviano, sino que derrumba teorías existentes y no pasará desapercibido, llegando a ser lectura obligada de muchos estudiosos y del público en general. Los científicos, historiadores, arqueólogos, antropólogos y paleontólogos encontrarán aquí una extraordinaria fuente de riqueza para sus futuras investigaciones, gracias a los hallazgos, ingenio, creatividad y versatilidad de los hallazgos.

Esta impresionante cabeza en Faatativá pesa al menos unas 300 toneladas.

Cuando se observa, crispa los vellos y puede verse su impresionante realismo.

–Foto del autor-.

Los Vigilantes (Ángeles caídos) y sus hijos los Nefilim o gigantes, raza de guerreros, a la cual pertenecieron los gobernantes y reyes atlantes, no solo no se conformaron con tener a cuantas quisieron de las hijas de los hombres como lo menciona la misma Biblia en Génesis 6,1-4 y siguientes, sino su codicia los llevó a apoderarse del planeta, dejando sus marcas y monumentos por doquier, como queriendo imponerse sobre la creación de Dios. Por otra parte, su apetito sexual los llevó a trasgredir las mismas leyes de la naturaleza y *"corrompieron toda carne"*, y como está escrito en el libro de Enoc, mantuvieron relaciones con los peces del mar, las aves del cielo y los animales de la tierra.

Aquí puede verse un pájaro con su pico y los ojos aguados por el llanto.

–Foto del autor-.

Nótese que utilizo el término animales y no bestias, debido a que su desenfreno los llevó a usar inclusive a muchos insectos. Tal como lo menciona el "Libro de los Gigantes de Enoc", terminaron por comerse todo lo producido con el trabajo de los hombres. Cuando la comida se acabó, continuaron comiéndose a los humanos y se bebieron su sangre, pero las cosas no terminaron ahí, al final terminaron comiéndose entre ellos mismos, bebiéndose también su sangre. Y estas, querido lector, fueron las verdaderas causas de haber atraído sobre si el castigo del Gran Diluvio Universal, pues Dios *"se dolió en su corazón"*, y se arrepintió de su creación. Por más que Enoc intercediera por ellos ante su Trono, Dios no les perdonó su pecado y cerró para ellos las puertas del cielo, decretándoles la condenación eterna y la destrucción de sus hijos, los Nefilim.

Los 200 ángeles malditos liderados por Shemihaza que juraron sobre la cima del Monte Hermón, decretando que aquel que se retirara o se volviese contra ese pacto sería "anatema" o maldito entre ellos. Al ser seres espirituales no murieron y aún están encadenados en el interior de la tierra o sobre su superficie y luego serán desterrados al infierno durante el día del Juicio final.

Este libro muestra con impresionantes fotografías parte de esa terrible tragedia y da testimonio de aquello narrado en la Biblia y en el Libro de Enoc. Todo lo dicho allí es absolutamente cierto y no una simple fábula. De ahí la enseñanza y la advertencia para aquellos que no quieren creer, pues de Dios nadie se burla y si bien es compasivo y misericordioso, el pecado de los ángeles es imperdonable al ser estos seres creados con pura inteligencia, pura memoria y pura voluntad.

Volvamos pues a Dios con un corazón contrito y humillado que Él, a nosotros, no nos desprecia. De nada sirve la prepotencia humana, la soberbia y el orgullo y son las herramientas perfectas para llevarnos al infierno.

Muchos de los monumentos antediluvianos de los Nefilim o aquellos de sus padres los Ángeles caídos, son enormes y fueron realizados para ser vistos a distancia o a gran altura y dependen del sol y de la posición del que ve. Su capacidad de abstracción es extraordinaria. Si nos atenemos al significado literal de la palabra Nefilim, esta, en idioma hebreo significa "caídos", o en otras palabras se refiere a Ángeles caídos. Según el Libro de Enoc eran 200 y tenían como líder a uno llamado Shemihaza. Al ser ángeles, no es difícil entender que pudiesen volar o levitar y tuviesen un inmenso poder capaz de lograr hazañas extraordinarias, muchas de las cuales veremos en esta recopilación investigativa. Algunas veces las figuras talladas en la roca se entremezclan con significados diversos y fueron hechas durante cientos, miles o millones de años. En muchos casos se expresa la dualidad hombre-mujer, macho-hembra.

Nota: Estimado lector, para observar las imágenes a continuación, recuerde que, desde el espacio, el mundo puede verse desde cualquier ángulo.

Han pasado algunos años desde que comencé a explorar los rostros y figuras que se encuentran en la tierra y no dejo de sorprenderme. ¿Si no los hicieron los Nefilim o sus padres los Ángeles caídos, quién los hizo? ¿Por qué los hicieron? ¿Acaso fue un deseo de toda una especie de no desaparecer para la posteridad? Es como si una competencia entre ellos hubiese tenido lugar. Es obvio que, dada la complejidad de los trabajos, estos se hubiesen desarrollado durante largos períodos de tiempo. En el caso de las Cabezas de Suesca puede observarse como las esculturas de unos se superponen sobre las realizadas por otros. No quisieron desperdiciar ni un centímetro cuadro de los farallones. Todo está esculpido. Es como si varios pintores y escultores hubiesen trabajado durante siglos sobre un lienzo que en este caso son las mismas rocas.

Los rostros que hemos visto y los que veremos a continuación, son un impresionante y monumental testimonio con lágrimas congeladas en piedra, con miles de años de antigüedad: Como hemos visto en otras partes, Los Nefilim le rogaron al profeta Enoc que intercediera por ellos ante el trono de Dios para que Él los perdonara por sus crímenes y pecados y les permitiera ingresar al Paraíso, pero Dios no los perdonó y no se los permitió. Este testimonio del llanto de los Nefilim puede verse en muchas fotos de este libro en donde las piedras "literalmente" lloran.

Facatativá, Colombia.

A- Impresionantes cabezas de cerdo y –B- cabeza de zorro. -Fotos del autor-.

Nadie sabe cómo se hicieron dichas esculturas ni que tan grandes son, pues no existen recursos para desenterrarlas en su totalidad. Un caso muy similar sucedió con las esculturas de la Isla de Pascua, las cuales solo algunas fueron desenterradas en su totalidad, demostrando así tamaños de cuerpo entero mucho más grandes que lo esperado y causando un gran revuelo a nivel mundial.

Facatativá, Colombia.

Cabeza de Nefilim sosteniendo un enorme peso sobre sí –como si estuviera cargando el peso de sus culpas-, Es muy interesante observar las lágrimas que ruedan por sus mejillas y la tristeza que lo embarga por haber perdido el

Paraíso. Obsérvese que tiene los labios pintados o más oscuros, lo que hace presumir que quizás es una hembra. Última etapa degenerativa.

-Foto del autor-.

Facatativá, Colombia.

-1 y 2- La dualidad macho-hembra. Impresiona sobremanera el maquillaje de la hembra en las cejas y en sus labios. Eso era algo de lo que poco se sabía, de hace más de 12.000 años. -Foto del autor-.

Facatativá, Colombia.

Cabeza de anciano o demonio con el ceño fruncido y de impresionante
realismo. -Foto del autor-.

Cabeza de serpiente. Es muy interesante observar la tercera dimensión. Obsérvese las personas sobre ella, las cuales le dan escala a su tamaño- La caverna de más abajo permanece parcialmente inexplorada. Última etapa degenerativa. —Foto del autor-.

Cuando observé esta cabeza, sentí el paso de los siglos. Me pregunté cómo perdería su ojo derecho, pues parece que algo o alguien se lo hubiera sacado de un tajo. —Foto del autor-.

Esta alucinante cabeza de Nefilim -1- que semeja una gigantesca esfera de piedra, está cubierta por una especie de pintura o recubrimiento de color blanco que en algunos casos son lágrimas. Su cuello -2- presenta dos ojos los cuales también lloran lágrimas de color blanco. –Foto del autor-.

Facatativá, Colombia.

Facatativá, Colombia.

Esta enorme cabeza pareciera ser la de un perro –nótese la oreja- sin embargo, no estoy seguro que otro animal pueda llegar a ser. La persona que posa, lo hace para darle escala al conjunto. Foto del autor.

Misteriosa cabeza de Nefilim, la cual parece ocultar su vergüenza a la sombra de los árboles que la cubren y usando también lo que parece ser un antifaz. Foto del autor-.

Esta horrenda cabeza de sonrisa burlona y boca putrefacta en pésimo estado, presenta dos abultamientos a manera de tumores encima de ambos ojos. –Foto del autor-.

En este caso, pareciera que la viruela hubiese dejado su marca en la piel de esta infortunada víctima, una marca y una víctima que llevan su dolor desde la época del Gran Diluvio. -Foto del autor-.

Esta increíble fotografía muestra un grupo familiar de un perro, su compañera y un cachorro. Todos lloran –inclusive el cachorro– Pero lo que más conmueve, es que a ellos tampoco los perdonó Dios porque sus padres -los Vigilantes- trasgredieron sus leyes. Sí, queridos amigos, la justicia de Dios prima en este caso sobre su misericordia. –Foto del autor-.

Aquí aparece otro animal, tal vez otro perro y también llora amargamente.

–Foto del autor-.

En esta foto, la boca del Nefilim semeja a un bunker. El animal que esconde el terreno parcialmente es inidentificable. Más abajo, aparece los que parece ser la boca de otra cabeza inexplorada. –Foto del autor-.

Si, querido lector, sé que usted está tan asombrado, impresionado y sobrecogido como yo y se ha hecho mil preguntas que no ha podido responder, pero todo esto está escrito desde hace miles de años y esto no es simplemente creer sino ver. Es muy interesante observar también como sin necesidad de utilizar manos o cuerpos, basta con la expresión facial para denotar sentimientos, emociones y acciones. En el caso de la figura -1- , esta actúa como el macho y está por encima y detrás de la hembra -2-. Ambas cabezas lloran copiosamente. –Foto del autor-.

Facatativá, Colombia.

Impresionante gusano o serpiente gigante entre las piedras de Faca, que recuerda también el que conforma la Isla de Madagascar o el "megalodón" –o tiburón gigante-, el cual el lector podrá apreciar más adelante en las Islas Canarias. Estas piedras inclinadas parecen tener además un significado especial. –Foto del autor-.

-A- Cuerpo de una salamandra, -B-tortuga. –Foto del autor-.

El rostro de la figura –A- no sé a qué animal corresponde. Tal vez se refiera a una cabeza humana. En la foto –B- aparece mi hijo Andrés de 6 años moviendo una rama que estorbaba la foto. La horrenda cabeza deformada recuerda las que pueden verse en los Grandes Lagos de los USA y los Diálogos de Platón cuando afirma que los Nefilim fueron degenerándose en su contacto con las humanas y al final se volvieron malos y perversos.

–Foto del autor-.

La cabeza -1- pareciera referirse a una mujer de raza negra de labios abultados con algo sobre su cabeza. –Foto del autor-.

Mi hijo Andrés posa junto a una cabeza corroída por el Tiempo para darle

escala. -Foto del autor-.

Facatativá, Colombia.

-A- y –B- son cabezas de saurios de impresionante realismo.

–Fotos del autor-.

Almorzamos esa tarde sobre una enorme cabeza de un animal parecido a un roedor y continuamos con nuestro recorrido. En la figura. A- pueden verse dos animales parecidos a zorros, el macho sobre la hembra en posición dominante, como si fuese a fecundarla. –Foto del autor-.

Esta enorme cabeza de Nefilim, como en tantos otros casos conjuga dos imágenes, una de frente y otra de perfil que parece estar observando el paisaje. –Foto del autor-.

De repente, un poco más arriba apareció otra cabeza movida por la tristeza y el desconsuelo, y tenía el rostro cubierto de lágrimas. –Foto del autor-.

-1- Impresionante cabeza de sabueso. -2- Monstruo de la familia de los lagartos.

–Fotos del autor-.

Extraña cabeza de animal indeterminado. —Foto del autor-.

Facatativá, Colombia.

-A- Cabeza de chancho. –B- Cabeza de animal indeterminado. –Foto del autor-

Cabeza de animal indeterminado. —Foto del autor-.

V

EL MISTERIOSO VALLE DE UBATÉ, COLOMBIA

Valle de Ubaté, Colombia, gigantesca cabeza de dragón.

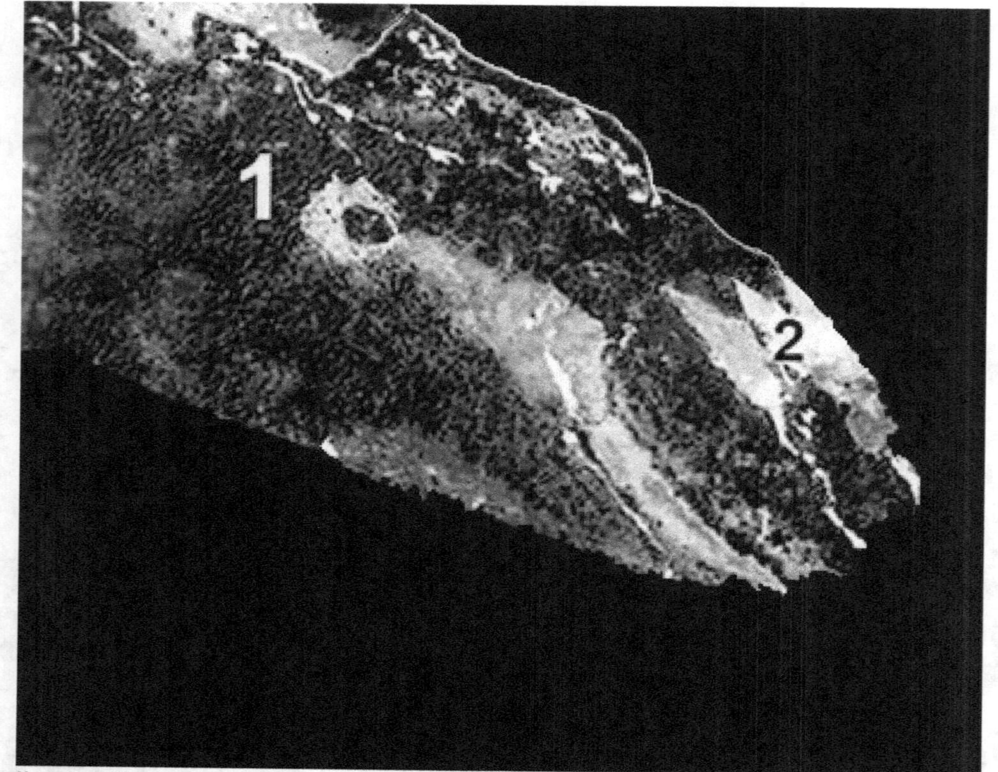

Valle de Ubaté, Colombia. Sistema de doble cabeza: 1 Enorme cabeza de dragón de más de 1 km de largo. Obsérvense los cuernos. Las líneas blancas son caminos o carreteras. 2 Una cabeza de dragón más pequeña de al menos 300 m de largo con 3 cuernos formando la nariz. Etapa degenerativa intermedia Con base en foto Google-Panorama 2005-.

Pero aparece una pregunta que quisiera sembrar desde ahora en la mente del lector a fin de que a medida que avance en la lectura o con la visualización de las imágenes, me ayude él mismo a responderla. ¿Acaso si los ángeles caídos -o Vigilantes- habitaron el Cielo en una época primigenia, por qué llegaron a la Tierra? Si mi comprensión es correcta de lo que el mundo espiritual es, entonces estoy convencido que nada, a diferencia del mismo Dios, hubiese podido impedírselo. ¿Acaso no tienen los seres espirituales la capacidad casi instantánea de transportarse a donde lo deseen con solo pensarlo o desearlo? Debido a su esencia espiritual o divina, sí pudieron hacerlo. Esa misma esencia divina les permitió a los Vigilantes remontarse por los aires y dominar -o controlar- la Tierra a su antojo y literalmente tallar costas, montañas y continentes y levantar o hacer levitar gigantescos objetos como los inmensos monolitos de piedra de Abale con un peso de más de 40 millones de libras. Aquí veremos luego por primera vez, en el archivo fotográfico que incluyo, escalofriantes imágenes nunca vistas antes. ¿Pero, por qué esos ángeles cayeron en desgracia? Las respuestas a esas y muchas otras preguntas se hallan en la misma Biblia y en el "Libro de Enoc" que también veremos más adelante. Sí querido lector, sé que su curiosidad en este punto es tan grande como la mía, pero todo a su debido tiempo

Valle de Ubaté, Colombia.

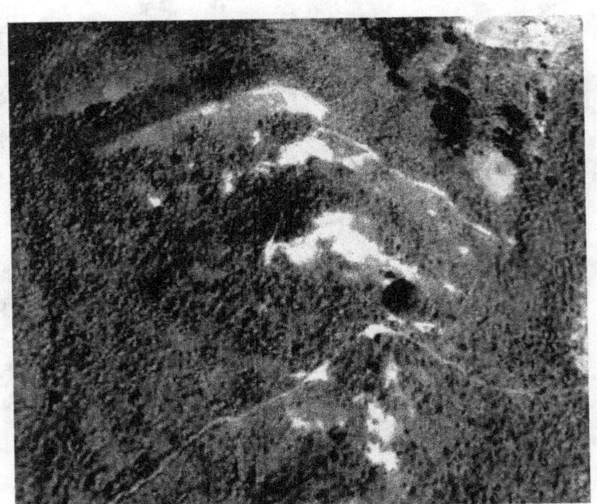

Valle de Ubaté, Colombia. Cabeza de Nefilim - tal vez una mujer - Tiene un corte de pelo estilo militar o una corona con un velo. Está ubicado en las

estribaciones de la cordillera. Las líneas blancas son carreteras, lo que da una idea de la inmensidad del contorno. Etapa degenerativa intermedia - basada en una foto Google-Panorama 2005-.

Valle de Ubaté, Colombia.

Los sarcófagos y el centro ceremonial de culto.

-A- Escalofriante sarcófago de un Nefilim colocado sobre el cuerpo de un dragón o guardián que lo custodia a la manera de una esfinge. El conjunto es prácticamente inaccesible, mide aproximadamente aprox. 221 m de largo y al menos 70 m de altura con riscos verticales que dificultan el acceso. El conjunto es una 3 veces más grande que la esfinge de Guiza en Egipto. Se halla en las estribaciones de la cordillera. Las líneas blancas son caminos. Nótense los enormes cuernos que ostenta y el promontorio sobre el cual descansa la cabeza a la manera de almohadón. Sin duda debió tratarse de un rey o gobernante o de alguien importante y poderoso, pues otros de los sarcófagos encontrados no ostentan este despliegue. Etapa degenerativa intermedia.

-B- Valle de Ubaté, Colombia, necrópolis e impresionante sitio -centro ceremonial- de culto Nefilim situado en las estribaciones de la cordillera. Como puede verse, el lugar es de difícil acceso —las líneas blancas son caminos o carreteras. -1- Es el lugar donde fue encontrado el sarcófago de la imagen anterior, el cual puede verse claramente. -2- Parece ser un altar de culto o de sacrificios humanos —de acuerdo a lo descrito en el libro de Enoc-. -3 y 4-: Representaciones de cabezas en las estribaciones de la cordillera. -5-: gigantesca cabeza de Nefilim -que junto con el sarcófago- forman la parte más alta de la sierra. Etapa degenerativa intermedia.

—Con base en fotos Google-Panorama 2005-.

Valle de Ubaté, Colombia. Gigantesca cabeza de animal o Nefilim en el sitio -centro ceremonial- de culto Nefilim situado en las estribaciones de la cordillera. La boca -1- está formada a la manera de profunda hendidura. Como puede verse la meseta es de difícil acceso –las líneas blancas son caminos o carreteras-. Da la sensación de haber sido profanado –saqueado- o explorado por ladrones de tumbas o curiosos de la región. En el lugar puede observarse también una estatua de mujer -2- y un inmenso recipiente o alberca de piedra -3- que recibe un flujo de agua - ¿a manera de lágrimas? - del ojo situado en la parte superior. Última tapa degenerativa.

–Con base en foto Google-Panorama 2005-.

Valle de Ubaté, Colombia, sarcófagos de gigantes:

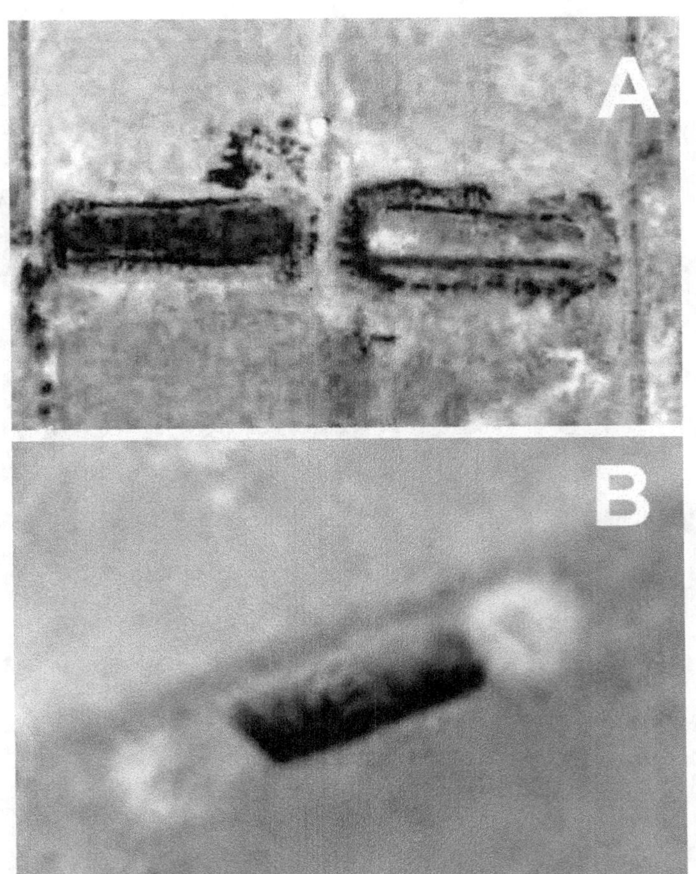

-A- Las tapas de piedra de los inmensos sarcófagos –¿varón y hembra? - parecieran estar "cosidas" o apuntaladas al terreno con el fin de sellarlos completamente. La escala está dada por las carreteras o caminos a lado y lado. Pueden observarse algunas inscripciones sobre la tapa. Las manchas o puntos negros son árboles.

-B- En este sarcófago mostrado arriba, pueden observarse en los extremos extrañas luminiscencias a manera de efluvios magnéticos, tal vez generados por la descomposición u otra razón desconocida. Recordemos que los Nefilim eran una mezcla de ángel caído y hembra humana, razón por la cual desconocemos su ADN o su comportamiento después de la muerte. Últimas etapas degenerativas.

–Con base en fotos Google-Panorama 2005-.

Sarcófagos de una pareja de gigantes -2 y 3-

Colocados sobre la cabeza de una serpiente -1-.

Valle de Ubaté, Colombia, gigantescos sarcófagos de una "pareja" de gigantes -2 y 3- colocados sobre la cabeza de una serpiente -1- a la cual inclusive se le puede ver el ojo-. Nótese como el sarcófago más pequeño -2- tiene grabadas cabezas sobre su superficie a la manera de los sarcófagos egipcios. Ambos sarcófagos se adaptan perfectamente con las medidas contenidas en el libro de Enoc: el de la hembra tiene aprox. 135 m de largo y el del varón tiene aprox. 218 m de largo. Última tapa degenerativa.

–Con base en foto Google-Panorama 2005-.

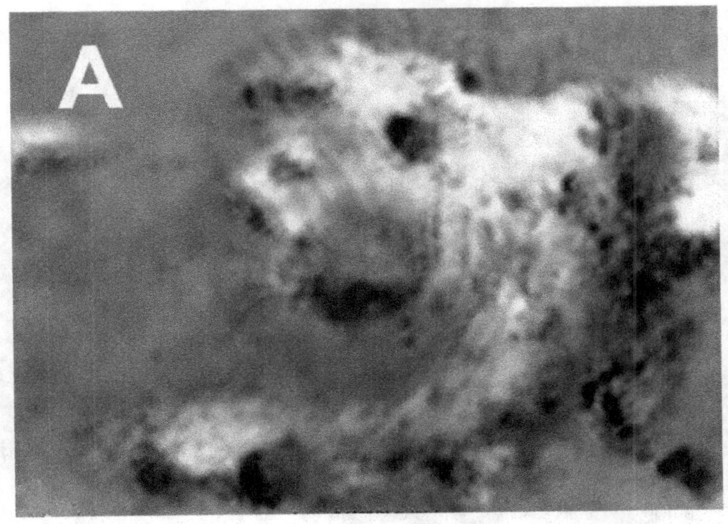

-A- Valle de Ubaté, Colombia, gigantesco cuerpo de león. Nótese la presa bajo la zarpa. Curiosamente la cabeza guarda algo de los rasgos de su progenitor. En esta curiosa imagen, la cabeza del león mira hacia la izquierda, mientras que el lomo presenta otra cabeza - ¿o cráneo? - que mira hacia la derecha. Última tapa degenerativa.

-B- Valle de Ubaté, Colombia: (Arriba): enorme cabeza de gigante dormido o muerto de unos 300 m de altura, a su derecha puede verse un enorme adorno o pendiente. Etapa degenerativa intermedia. (Abajo): se observa otra gran cabeza que semeja la de un simio o chimpancé. Última tapa degenerativa.

–Con base en fotos Google-Panorama 2005-.

Valle de Ubaté, Colombia.

Inmensa cabeza de gigante de expresión triste que recuerda la de un payaso.

Ambos ojos derraman lágrimas. Última tapa degenerativa.

–Con base en foto Google-Panorama 2005-.

-A- Valle de Ubaté, Colombia. Cabeza de enorme serpiente, Compárese el tamaño con las construcciones de más abajo. El ojo derecho señalado por la flecha roja y los huecos de la nariz son claramente visibles. Las líneas más claras son carreteras que bordean la pendiente de la montaña. Última etapa degenerativa. -B- Horrenda cabeza de posible mujer a escala monumental con cuernos proyectados hacia adelante –las zonas blancas abajo a la izquierda son construcciones-. Su rostro pareciera estar chorreando sangre después de una violenta batalla. Recuerda las calabazas usadas en la fiesta de Halloween. Última etapa degenerativa. –Con base en fotos Google-Panorama 2005-.

Valle de Ubaté, Colombia.

Valle de Ubaté: inmensa cabeza de gigante hembra de varias hectáreas que recuerda la de una momia. Nótese el maquillaje de los labios. En ambos casos Las líneas blancas son carreteras, El perfil más oscuro, casi negro que la acompaña al lado izquierdo sería el del Nefilim varón. Ambas cabezas terminan en un cuerno. Última etapa degenerativa.

–Con base en foto Google-Panorama 2005-.

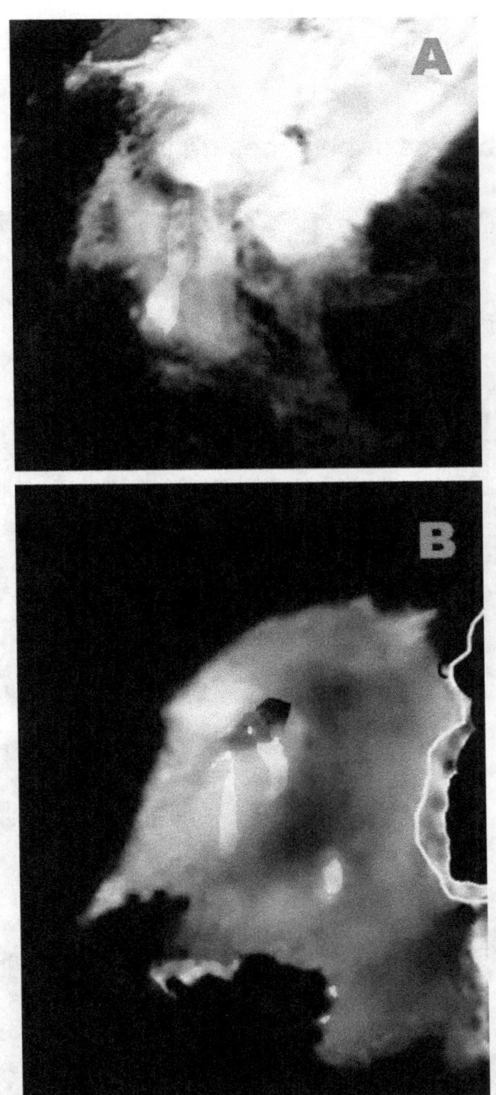

-A- Valle de Ubaté: Enorme cabeza de gigante de varias hectáreas. Obsérvese la pequeña cabeza del animal –dragón o serpiente- que emerge de su frente y se proyecta hacia adelante, a la manera de la serpiente que existe en las coronas egipcias. Llora copiosamente y parece tener una herida en el cráneo y el rostro untado de sangre. Última etapa degenerativa.

-B- Valle de Ubaté, estribaciones de la cordillera, Colombia; cabeza de horrendo Nefilim -o demonio con cuernos- gritando en lo que pareciera mostrar un profundo dolor, nótense las lágrimas. Las líneas blancas son carreteras. Última etapa degenerativa. –Con base en fotos Google-Panorama 2005-.

Valle de Ubaté, estribaciones de la cordillera, Colombia

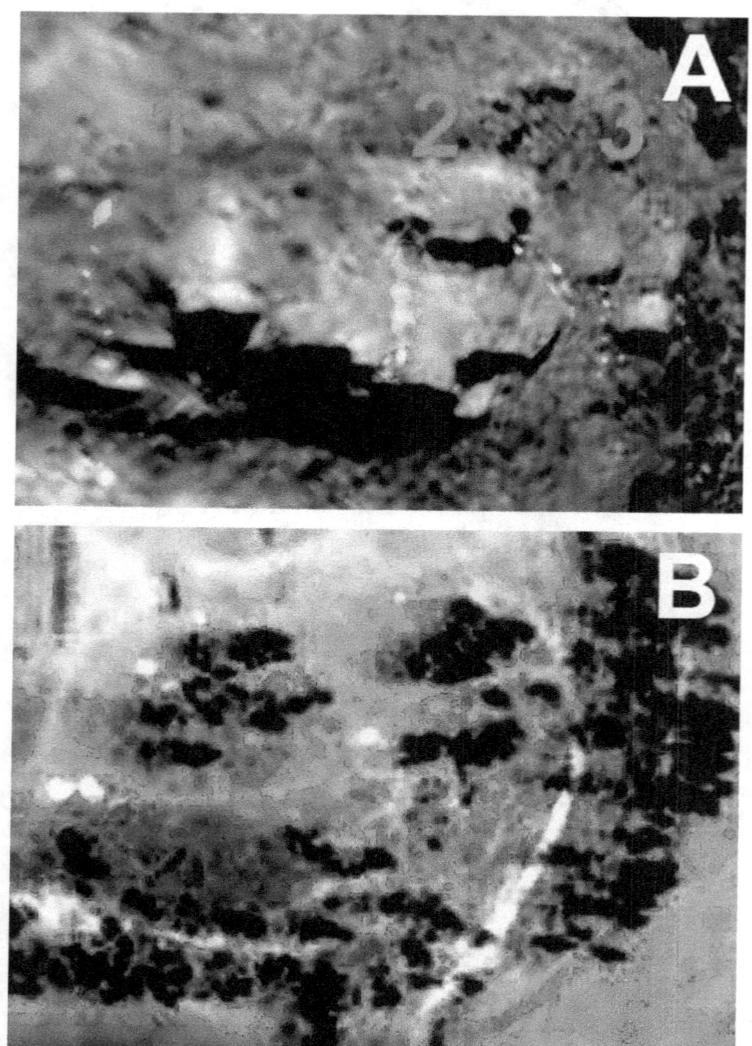

-A- Valle de Ubaté, estribaciones de la cordillera, sistema de tres cabezas, la -
1- presenta la nariz de un puerco, la -2- muestra lágrimas saliendo de sus ojos
y parece tener la lengua afuera como si estuviese jadeando y la No. 3 es la
más parecida a un ser humano anciano y con barba. Última etapa
degenerativa.-B- Valle de Ubaté, cabeza de mujer joven o princesa con rasgos
indígenas, las plantas y los árboles le sirven para ayudarle a definir los rasgos.
Última etapa degenerativa -Con base en fotos Google-Panorama, 2005-.

-A- Impresionantes cabezas de tres Nefilim, la -1- parece ser el lecho seco de una laguna o quizás un promontorio.

-B- Foto de la enorme cabeza de un cocodrilo asomándose del paisaje con una impresionante tercera dimensión. Pueden verse con claridad los ojos, los huecos de la nariz y los colmillos. El tamaño y la plasticidad de estas imágenes no tienen nada que envidiarles a las líneas de Nazca. Es apenas obvio que ambas pertenecen a culturas y ecosistemas geográficos completamente diferentes. Si bien estas últimas fueron posiblemente realizadas por seres humanos, queda la duda si esto fue también obra de los Nefilim o sus padres los Vigilantes. Recordemos la imagen de un gigante que aparece en la parte inferior del Valle. de Nazca. Última etapa degenerativa.

–Con base en fotos Google-Panorama2005-.

Valle de Ubaté, estribaciones de la cordillera, Colombia.

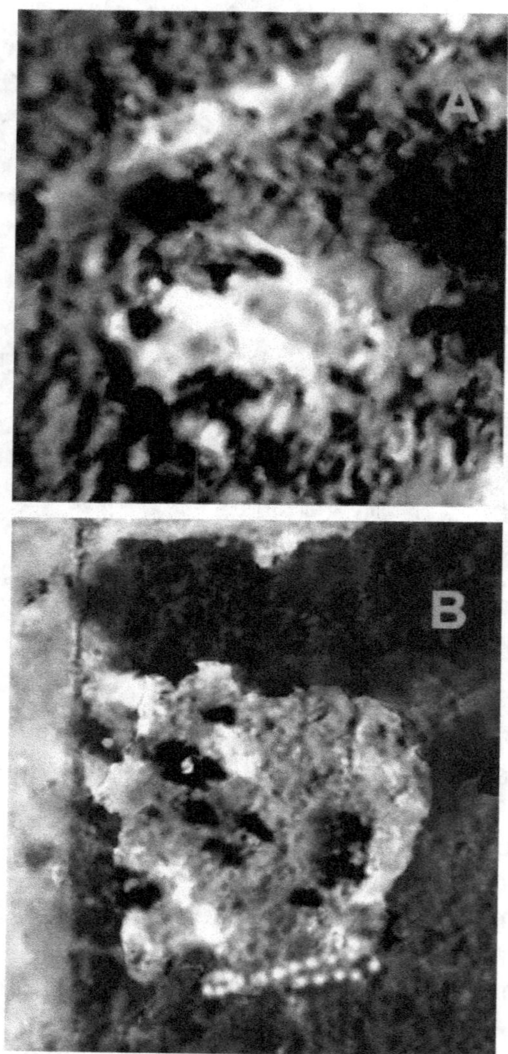

-A- Valle de Ubaté, Colombia, inmensa cabeza de mujer –nótese el maquillaje de los labios y los ojos-, está adornada con un sombrero plano sobre el cual parecen estar posándose varios animales o inmensos pájaros blancos.

Sorprende sobremanera como las modas de hace 12.000 se parecen a las de hoy. Última etapa degenerativa.

-B- Enorme cabeza de Nefilim hembra. Nótese el maquillaje de los labios y alrededor de los ojos. Aparece utilizando un sombrero –en este caso formado por árboles- y su cuello está adornado con un collar o gargantilla. Última etapa degenerativa. –Con base en fotos Google-Panorama2005-.

Valle de Ubaté, Colombia, estribaciones de la cordillera.

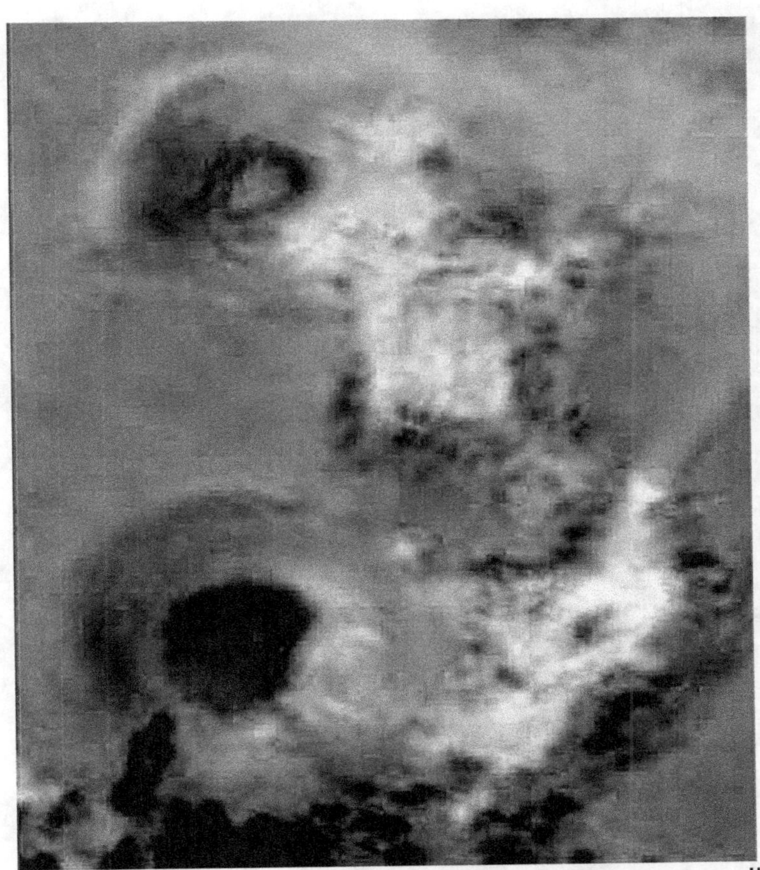

Extraños cráneos semienterrados los cuales presentan una peculiar morfología y parecieran pertenecer a seres extraterrestres. La NASA en su labor exploratoria muestra otros similares sobre la superficie del planeta Marte.

Última etapa degenerativa.

-Con base en fotos Google-Panorama2005-.

Valle de Ubaté, Colombia, estribaciones de la cordillera.

Inmensa cabeza de Nefilim de gran simpleza tallada en la roca. Se encuentra

en las estribaciones de la cordillera y tiene 320 m de alto. Nótense las lágrimas.

Las líneas blancas son caminos o carreteras. Etapa degenerativa intermedia.

–Con base en foto Google-Panorama 2005-.

Valle de Ubaté, Colombia, estribaciones de la cordillera.

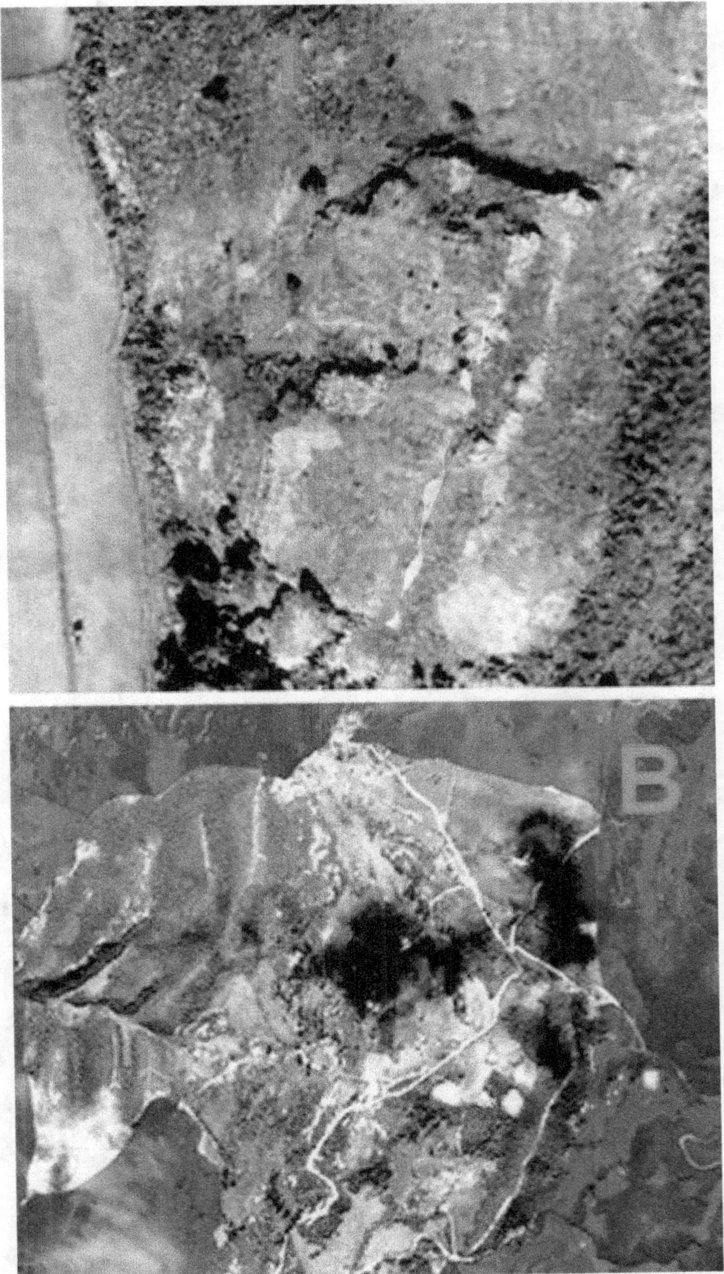

-A- Gigantesca cabeza doble de Nefilim -la dualidad-, con 350 m de altura.

-B- Descomunal cabeza de Nefilim con apariencia de perro, presenta lo que

parecieran ser labios maquillados, lo cual presupone que es una hembra.

Cubre una superficie aproximada de al menos 6 hectáreas. Última etapa

degenerativa. -Con base en foto Google-Panorama 2005-.

Valle de Ubaté, Colombia, estribaciones de la cordillera.

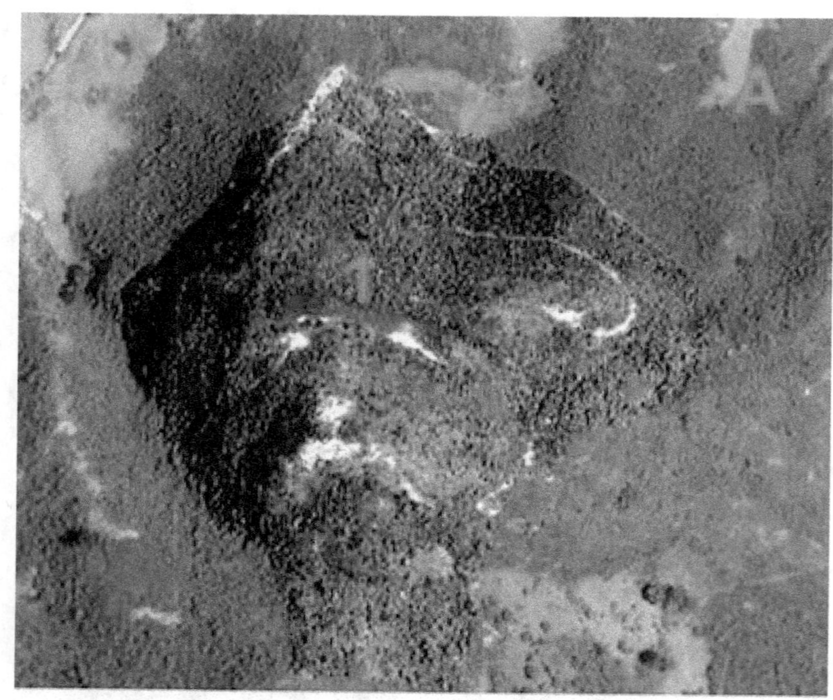

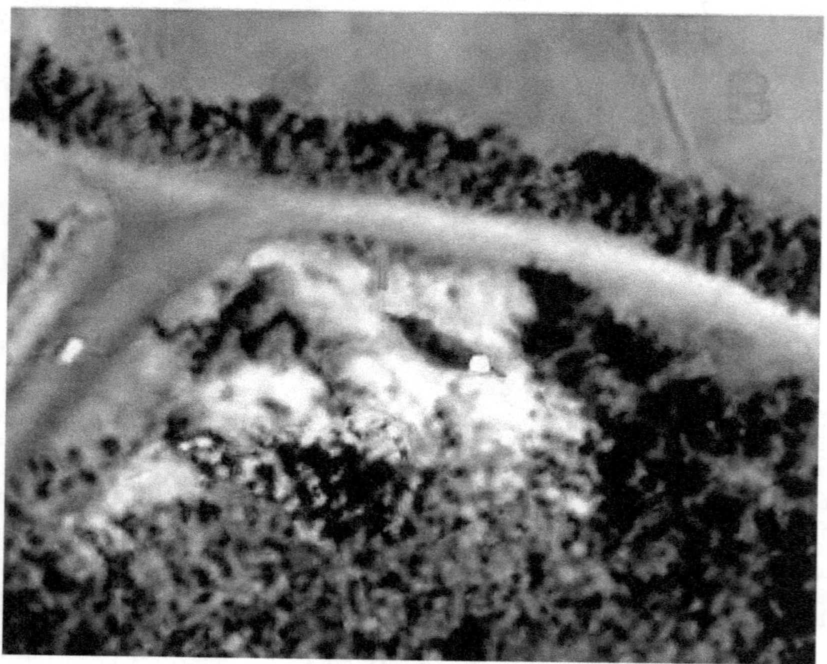

-A- Nefilim usando un sombrero tricornio.

-B- Enorme cabeza de Nefilim muerto en una riña con una horrible herida en la boca. Al lado izquierdo puede verse un bus blanco y rojo que da una idea de la escala. -Con base en foto Google-Panorama 2005-.

Valle de Ubaté, Colombia, estribaciones de la cordillera.

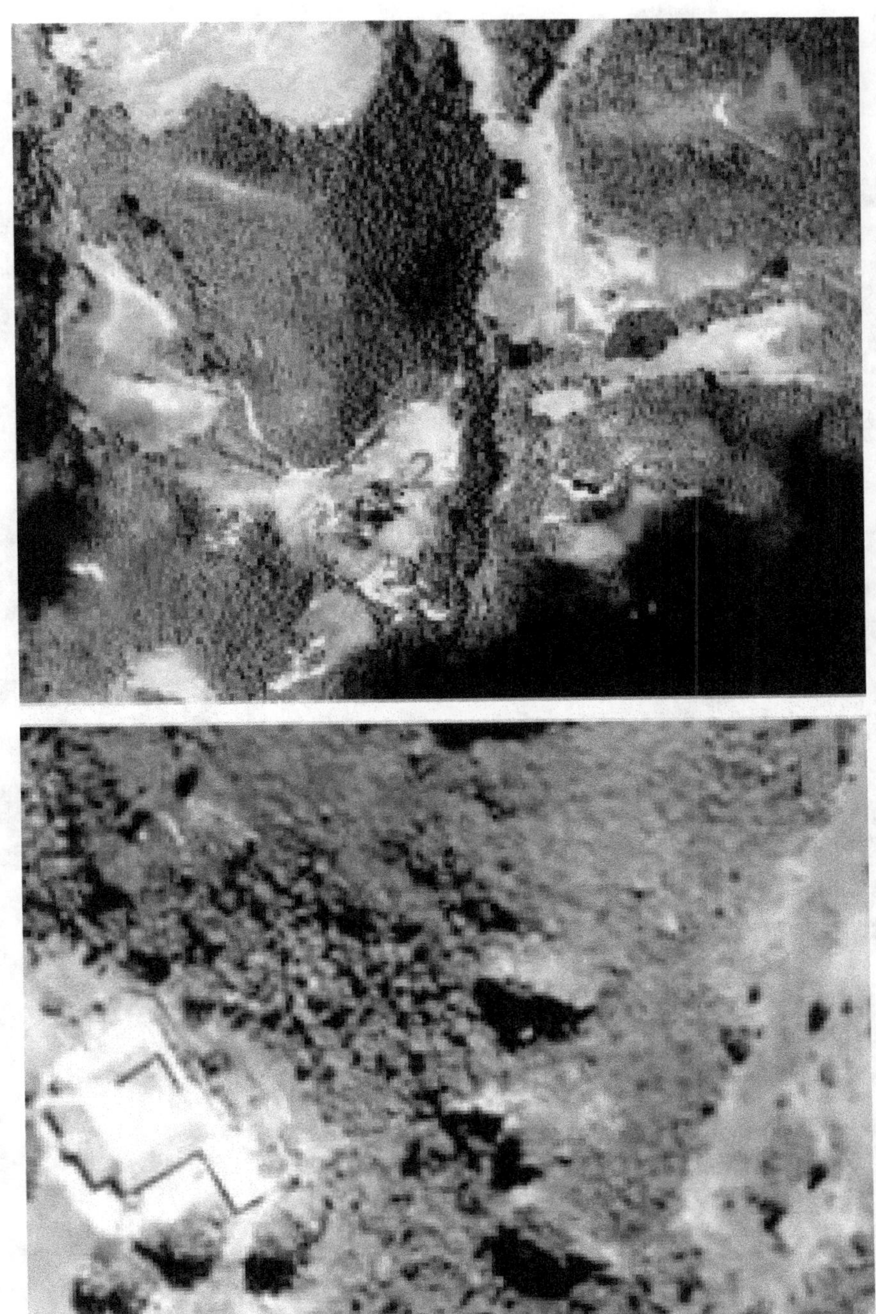

Las figuras -A- 2 y -B- 4 lloran copiosamente y esta última parece ser la cabeza

de un zorro. La figura -A- 1 muestra cuernos largos. Compare el tamaño de las

figuras con el tamaño de la casa. Figura -A- 4.

-Con base en fotos de Google-Panorama 2005.

Valle de Ubaté, Colombia, estribaciones de la cordillera.

Rostro de un Nefilim viejo y cansado, presa de las lágrimas. Parece tener una

herida en la frente que pudo haber causado su muerte.

-Basado en la foto de Google-Panorama 2005-.

Valle de Ubaté, Colombia, estribaciones de la cordillera.

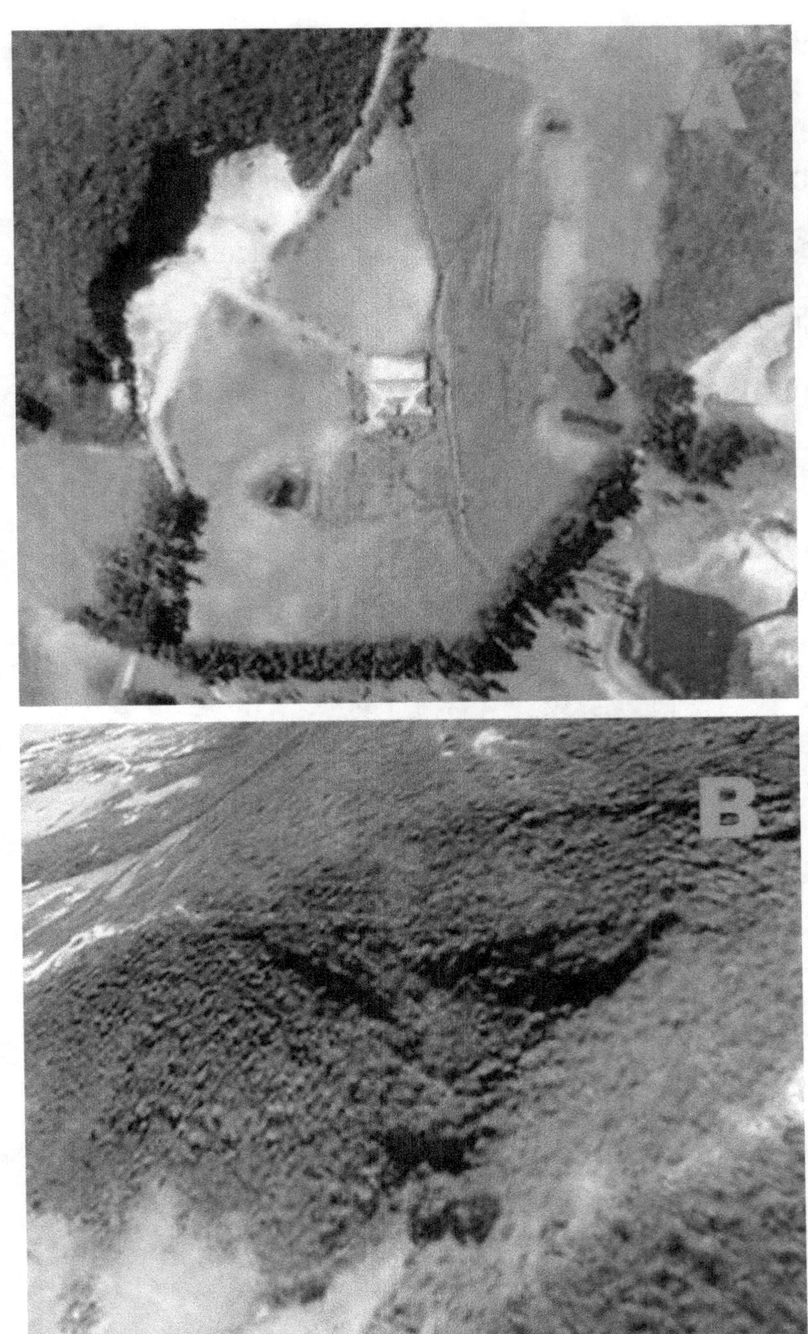

-A- Cabeza de gigante. Las líneas blancas son caminos o carreteras. Pareciera

ostentar también una corona o casco a la manera persa o del alto Egipto.

Presenta varias características interesantes: donde se encuentra el ojo existe

un aljibe profundo de donde se extrae agua. La construcción se halla sobre una roca y todavía sirve de adorno a la corona. La línea de árboles sigue las características naturales del terreno y conforma la quijada en donde aún pueden observarse tal vez dos sarcófagos. Etapa degenerativa intermedia – Con base en foto Google-Panorama2005-.

-B- Fantástico esbozo del Rostro de un Nefilim hembra. Obsérvese el maquillaje de los ojos. Es admirable la gran capacidad plástica que envidiaría el mismo Picasso y el nivel de abstracción para aprovechar con unos pocos "trazos" el recodo de la montaña. Última etapa degenerativa. –Con base en foto Google-Panorama 2005-.

Valle de Ubaté, Colombia, estribaciones de la cordillera.

Gigantesca cabeza de lobo con un enorme cuerno sobre la frente.

–Con base en foto Google-Panorama 2005-.

Valle de Ubaté, Colombia, estribaciones de la cordillera.

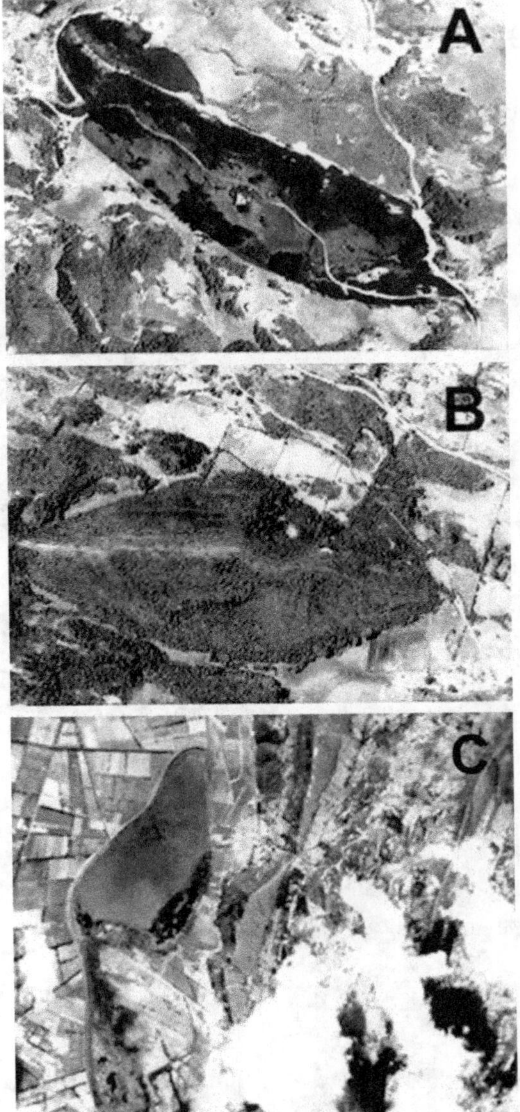

A-   Inmenso delfín o ballena de 1 km de largo.

B-   Ballena cubriendo varias hectáreas.

C-   Laguna de Suesca desde el aire, la cual semeja un ser extraterrestre con "ojos alargados como ventanas" y un cráneo puntiagudo. A la derecha puede verse el final de las estribaciones de la cordillera el cual es igual a la roca de la "Tumba del Inca" en Machu-Picchu a miles de km de distancia pero miles de veces más grande. – Con base en foto Google-Panorama 2005-.

VI

ANALOGÍA ENTRE LOS FARALLONES DE "FUSCA"

Y LOS FARALLONES DEL "SALT0 DE TEQUENDAMA".

Farallones de Fusca, Cundinamarca

Farallones del Salto del Tequendama

El gigante de Fusca

El gigante del Salto del Tequendama

A la izquierda -1- podemos ver la cabeza de uno de los gigantes de

Fusca. A la derecha -2- está la cabeza de un rey coronado con diademas o piedras de jade llorando su desgracia. Ninguno de los dos fue perdonado por Dios por los pecados cometidos por ellos o por sus padres los Vigilantes. Etapa degenerativa final. - Fotos del autor -. Tanto en los acantilados de Fusca como en el Salto del Tequendama podemos ver múltiples cabezas, sin embargo, parece que las de Fusca estaban reservadas para mostrar una clase plebeya y las del Salto para mostrar a reyes y gobernantes con cargos superiores. Simplemente compare las caras para darse cuenta de que pertenecen a diferentes cepas. El de Fusca que se muestra aquí es un gigante de expresión grosera y ordinaria y el del Salto es un rey coronado con diademas. Este hallazgo me pareció inusual, porque nunca pensé que en una época prehistórica tan antigua las clases sociales ya existían tan separadas con una marcada diferencia entre ellas.

Los Nefilim terminaron comiéndose todo lo que se producía con el trabajo de los hombres. Cuando se terminó la comida, continuaron comiéndose a los humanos y bebiéndose su sangre, pero las cosas no terminaron ahí, al final se convirtieron en caníbales y terminaron comiendo y bebiendo su propia sangre. Y estas, querido lector, fueron otras de las verdaderas causas de haber atraído sobre ellos el castigo del Gran Diluvio Universal, porque *"Dios se dolió en su corazón"*, y se arrepintió de su creación. No importa cuánto Enoc intercedió por ellos ante Su Trono, Dios no perdonó sus pecados y cerró para ellos las puertas del cielo, declarando la condenación eterna para los Vigilantes y la destrucción de sus hijos, los Nefilim.

Los 200 ángeles condenados liderados por Shemihaza que juraron en la cima del monte Hermón, declarando que quien se retirara o se volviera en contra de ese pacto sería "anatema" y maldito entre ellos, siendo seres espirituales dotados de pura inteligencia, memoria y voluntad, no murieron

y siguen encadenados dentro de la tierra o sufriendo en su superficie y luego

serán desterrados al infierno durante el día del Juicio Final. Este libro muestra

con fotografías impresionantes parte de esa terrible tragedia.